本书由上海文化发展基金会图书出版专项基金资助出版
"十二五"国家重点出版物出版规划项目

当代哲学问题研读指针丛书
逻辑和科技哲学系列

张志林 黄翔 主编

女性主义科学哲学

徐志宏 著

Feminist
Philosophy of Science

复旦大学出版社

内容提要

女性主义科学哲学（亦称女权主义科学哲学）大致产生于20世纪70年代的欧美学界。它得益于女性主义运动与思潮自身发展的成熟以及科学哲学的转向。在积极汲取了后实证主义哲学对"传统"科学哲学进行批判性反思的精神要义之后，女性主义科学家、认识论学者与科学哲学家针对科学的研究实践及其认识论议题展开了基于社会性别（gender）的哲学研究与批判，从而迅速催生了一个全新的、生机勃勃的学术领域。

本书简要介绍了女性主义科学哲学的形成过程（绪论和第一章）、基本概念（第二章）、经典理论流派（第三章）、最具争议的议题（关于科学价值中立说和客观性问题），以及它的现状与未来（结语）；展现了该学科领域一些代表性人物（如，伊夫琳·福克斯·凯勒、唐娜·哈拉维、海伦·朗基诺以及桑德拉·哈丁等）的基本思想。

作者简介

徐志宏，女，1978年生，复旦大学哲学专业博士，现任复旦大学哲学学院讲师。主要研究领域为马克思主义哲学、科学技术与社会，专长于马克思科学观研究、马克思与海德格尔技术哲学比较研究以及当代日常生活批判；感兴趣的领域有身体哲学和女性主义认识论等。曾前往德国康斯坦兹大学哲学系交流访问一年。著有《生存论境域中的科学——马克思科学观研究》（复旦大学出版社2010年9月版），译有《杜威全集·晚期著作（1925–1953）·第十七卷（1885–1953）》（原著约翰·杜威，合译，华东师范大学出版社2015年5月版）。在国内核心期刊与论文集中发表学术论文十余篇，在国内报纸与文学网站上发表非学术类文字作品四十余篇。

丛书序言

哲学这门学科特别强调清晰的概念和有效的论证。初学者在首次接触哲学原典时难免会遇到两重技术上的困难：既要面临一整套全新又颇为费解的概念，又要力图跟上不断出现的复杂论证。这些困难是所有初学者都要面临的，并非中国人所独有。为了帮助初学者克服这些困难，西方尤其是英语学界出现了大量的研读指针读物，并被各大学术出版社如牛津、剑桥、劳特里奇、布莱克韦尔等，以 Handbook、Companion、Guide 等形式争相编辑出版。另外，网上著名的《斯坦福哲学百科全书》也具有相同的功能。这些读物解释了哲学原典中所讨论问题的历史背景和相关概念，提供了讨论各方的论证框架，并列出相关资料的出处，为学生顺利进入讨论域提供了便利的工具。可以说，绝大多数英语国家中哲学专业的学生，都曾或多或少地受惠于这些研读指针读物。

本丛书的基本目的正是为中国读者提供类似的入门工具。丛书中每一单册对当代逻辑学和科技哲学中的某一具体问题予以梳理，介绍该问题产生的历史背景和国内外研究的进展情况，展示相关讨论中的经典文献及其论证结构，解释其中的基本概念以及与其他概念之间的关系。由于每册都是从核心问题和基本概念开始梳理，因此本丛书不仅是哲学专业的入门工具，也可以当作哲学爱好者和普通读者了解当代哲学的一套具有学术权威性的导读资料。

丛书第一批由复旦大学哲学学院的教师撰写，他们也都是所述专题的专家。各单册篇幅均不甚大，却都反映出作者在喧嚣浮躁的环境中潜心问学的成果。在复旦大学出版社的积极倡导下，本丛书被列入"国家'十二五'重点图书"，并获得"上海文化发展基金"的出版资助。对复旦大学出版社的大力支持，对范仁梅老师的辛勤劳作，丛书主编和各册作者心怀感激之情！在此还值一提的是，身为作者之一的徐英瑾教授特为每册论著绘制了精美的人物头像插图，希望它们能为读者在领略哲学那澄明的理智风韵之外，还能悠然地享受一些审美的愉悦。

张志林　黄　翔

2014 年 12 月

目录

绪论 / 1
    第一节　一个跨学科领域 / 1
    第二节　思想背景 / 6
    第三节　三个发展阶段 / 9
    第四节　最初聚焦的领域和集中关注的议题 / 10
    第五节　几点澄清与说明 / 12

第一章　女性主义科学批判 / 15
    第一节　女性主义对科学的批判 / 15
    第二节　女性主义科学批判的核心议题 / 21

第二章 女性主义科学哲学的基本概念——情境中的认知者 / 38
　　第一节　一般的情境化知识 / 39
　　第二节　社会情境 / 42
　　第三节　社会性别:社会情境的一种模式 / 43
　　第四节　性别化的知识 / 46
　　第五节　小结 / 55

第三章 女性主义科学哲学经典流派 / 58
　　第一节　女性主义立场论 / 59
　　第二节　女性主义后现代主义 / 77
　　第三节　女性主义经验论 / 90

第四章 女性主义为价值负载做辩护 / 97
　　第一节　价值中立说的挑战 / 97
　　第二节　不充分决定论的基本论点 / 99
　　第三节　基本的实用主义策略 / 101
　　第四节　合理影响科学的社会价值观类型 / 104
　　第五节　多元论:价值负载研究的结果 / 111

第五章 客观性存在吗？ / 112
　　第一节　女性主义对客观性的批判 / 112

第二节 女性主义者的客观性概念 / 120
第三节 女性主义客观性概念的多元性特征 / 127

结语 依然游走边缘的努力 / 129
第一节 外部对女性主义科学哲学的批判 / 129
第二节 女性主义科学哲学的趋势:融合、互动与开新 / 132

参考文献 / 143

绪论

第一节 一个跨学科领域

女性主义科学哲学（feminist philosophy of science）[①]在西方学术版图上的位置，若以最宽泛的方式来区划，可理解为科学哲学与女性主义理论的交集；而据林恩·汉金森·内尔森（Lynn Hankinson Nelson）更为细致一些的说法，它处于科

[①] 由于传统的科学哲学与认识论研究有着千丝万缕的交叠关系，因此，女性主义科学哲学也常常被与女性主义认识论（feminist epistemology）放在一起进行讨论。事实上，女性主义科学哲学中的有些工作，尤其是早期的一些工作，就被描述为"女性主义认识论"。但是，如果将学科定义为是"聚焦于一个核心问题集的，有组织、制度化的研究实体（bodies of research）"（布里昂[Burian 1993, pp. 387-388]）的话，那么，科学哲学和认识论就是有区别的学科了——前者将科学"正统"（the sciences "proper"）作为它的研究主题，后者的研究对象则是更为一般和宽泛的认知、知识。考虑到女性主义科学哲学和认识论的研究者与主题常常互有交叉乃至重合，因此本书对此两者不做明确的界分。

学哲学与女性主义科学研究相交的地方②。至于其内容,则完全可借用桑德拉·哈丁(Sandra G. Harding)最为简洁的表述来概括,即"对科学哲学进行基于性别(gender-based)的分析"③。由此可见,女性主义科学哲学本质上是一个跨学科的研究领域。

至于这一跨学科领域是如何发展起来的,不妨先来看一看内尔森在其"女性主义科学哲学"一文中,用精炼的语言描绘的一则人们常常乐意接受的、带有"进化论"色彩的故事——

> **起初**,强调的重点在于科学社会学(the sociology of science),特别是关注于那些非常明显的"外部"现象,有力地揭示了妇女在科学领域中相对缺少发言权和有利地位的状况;**而后**,发展为女性主义科学家们对科学学科中

---

② Lynn Hankinson Nelson, "Feminist Philosophy of Science", *The Blackwell Guide to the Philosophy of Science* (edited by Peter Machamer and Michael Silberstein), Blackwell Publishers Ltd, 2002, p. 312. 这里的"女性主义科学研究"("feminist science scholars")基本指称下文中提到的"女性主义科学家"("feminist scientists")在自然科学领域所做的科研工作,因而区别于通常以 science study(尽管尚存异议,但国内学者对此大多采用刘华杰教授的译法"科学元勘")所指称的基于科学社会学领域而展开的、对科学本身的批判性研究。

③ Sandra G. Harding, "Gender and Science", *Routledge Encyclopedia of Philosophy* (*Philosophy of Science*), London & New York: Routledge, 1998, p. 151.

带有男性中心主义色彩的研究问题、方法与理论所做的批判,以及她们所提出的、建设性的替代方案;**进而**,更为广阔地关注到科学内外的社会历程之间的关系,以及科学的方向和内容;**最后**,对科学哲学,包括科学哲学中的那些成熟理论进行批判和分析,对由女性主义科学学者(feminist science scholars)所提供的方法加以发展。(Nelson 2002,312)

显然,这样一个版本讲述的是一个"由外而内"、"先破后立"的故事。据内尔森的评论,这种"便捷"的思路有利有弊。它的好处在于:它对导致了女性主义科学哲学最终产生的一些重要因素的发展做了一个颇为有用的介绍;而且,对于旨在勾勒出女性主义科学哲学核心问题的实证性研究来说,也不失为一个实用的入门指南。而它的弊端,就如不少女性主义科学哲学家④所指出的,在于这样一个故事版本同样也是令人误解的,其原因主要有如下两点——

首先,它把女性主义科学哲学的发展描述为是一些分散的、似乎可以轻易分割的"阶段";同时又把女性主义科学哲学的特征描绘成在每个阶段上都有清晰可辨的、不同的重点和

---

④ 例如,凯勒与朗基诺(Keller & Longino 1996)、内尔森与内尔森(Nelson & Nelson 1996)、哈丁(Harding 2000)、怀利(Wylie 2000)等。

问题。从某种深层次的意义上说,此种对学科的理解方式不仅与女性主义科学哲学的学术旨趣大相径庭,而且因其基本体现了传统认识论所持的那种直线进步和镜像反映式的信念,故而恰恰位于后者集中批判的对象之列。女性主义科学家和科学哲学家们发现,要在科学认识论和那些影响与刻画了科学的社会历程之间坚持做传统的边界区分是很难的。比如,就以男性中心主义假设为例,它存在于大量的研究项目中,对于挑选值得被研究的问题、方法论假设,以及理论假说的成型过程无不起着影响作用——女性主义学者已经将这一点作为一个证据,证明在科学家认为有效的证据范围和塑造着科学共同体⑤的社会历程与非认知性的价值观之间,是存在着某些关系的⑥。当然,至于这些关系的精确本质究竟是什么,依然是有待女性主义科学哲学继续研究的议题。

其次,这一故事的问题还在于,它忽略了科学哲学的发展对于女性主义科学哲学的核心问题和方法所产生的重大影响。而一些重要的女性主义科学哲学家,诸如哈丁和怀利(Alison Wylie),在对该学科历史起源的回顾中都提到了这些

---

⑤ 根据库恩(Thomas Sammual Kuhn)的范式理论,科学共同体的范围无疑更广,远远超出了所谓传统认识论的议题,但其本身却又是科学家们的科学研究活动得以顺利展开的地方。

⑥ 见布莱尔(Bleier 1984)、哈丁(Harding 1986)、朗基诺(Longino 1990)、内尔森(Nelson 1996)和怀利(Wylie 1997a)。

影响:如从 20 世纪 50 年代后期开始出现的"观察渗透理论"⑦思想、"有效证据不足以证明理论"⑧思想,以及对各种形式的整体论(holism)⑨的辩护等,它们都对逻辑实证主义⑩、经验论⑪以及卡尔纳普⑫(Carnap)、亨佩尔⑬(Hempel)、内格尔⑭

---

⑦ "Observation is theory-laden."指观察中负载有理论、信念等成分,由美国科学哲学家汉森(Norwood Russell Hanson)首次提出于 1958 年发表的《发现的模式》(*Patterns of Discovery*: *An Inquiry into the Conceptual Foundations of Science*, Cambridge University Press, 1958)。

⑧ "Theories are underdetermined by available evidence."也就是所谓"证据对理论的非充分决定性论题"(简写为"UDT"),意指哪怕是有效的证据,也不能充分地决定在几个竞争性理论中(必然)应该选取哪一个理论。这一思想在当代科学哲学的领域内直接来自于迪昂-蒯因(Duhem-Quiue)论题。

⑨ 整体主义的思想在西方可以追溯至亚里士多德(整体大于部分之和的思想),通常也被认为是东方文明思维方式中不同于西方的重要元素和特征。整体论(或整体主义)一语由南非政治家让·史末资(Jan Smuts)在 1926 年出版的《整体论与进化》(*Holism and Evolution*, London: McMillan and Co Limited, p. 88)一书中首先提出(Jan Smuts 1926),意指"自然界的趋势是在创造性的进化中形成大于部分之和的整体"[*Oxford English Dictionary* (3rd ed.), Oxford University Press, 2005]。在当代科学哲学的发展中,为了对抗还原论的教条,也出现了整体主义思想的兴起,讨论形式则包括确证整体论(又称迪昂-蒯因论题)、语义整体论、属性整体论等多种样态。

⑩ 分析哲学主要流派之一,主要产生于 20 世纪 30—50 年代,核心是以石里克(Moritz Schlick)和卡尔纳普为代表的维也纳学派,其研究纲领基本延续了孔德(Auguste Comte)开创的实证主义的宗旨,即拒斥形而上学;而其运用的主要方法则是(语言的)逻辑分析。

⑪ 哲学认识论的一种重要理论,强调感性经验是人的一切知识和观念的唯一来源;与主张先验知识是人类知识得以可能的根源的唯理论正相反对。近代以来的代表人物有弗兰西斯·培根(Francis Bacon)、约翰·洛克(John Locke)、贝克莱(George Berkeley)、休谟(David Hume)、孔德、马赫(Ernst Mach),以及 20 世纪影响重大的实用主义和逻辑实证主义者。

(Nagel)等人工作中的关键内容及其特征发起了挑战(Harding 2000;Wylie 2000)。可以说,女性主义科学哲学家正是在及时地利用这些挑战并扩大其应用范围的过程中才建立起属于自己的学科领域。

第二节 思想背景

所以,要追溯女性主义科学哲学的背景与缘起,必须得涉及(至少)两个领域所发生的理论发展与路径转变,以及它们之间发生的结合——简言之,即科学哲学的转向与女性主义的发展产生的交集。

首先,如前所述,在当代科学哲学内部的发展中出现了重要的范式转变,这种转变对于改变人们通常对科学以及科学知识的理解渐渐产生了重大而深远的影响。在20世纪60年代,有一种观念越来越被接受,那就是:科学论断未必能反映出一个纯粹的、客观实在的世界。科学的过程不是一目了然、

---

[12] 鲁道夫·卡尔纳普(Rudolf Carnap,1891—970),美籍德裔科学哲学家,经验主义和逻辑实证主义的主要代表,维也纳学派领袖之一。代表作为1928年出版的《世界的逻辑结构》(Der Logische Aufbau der Welt)等。
[13] 卡尔·古斯塔夫·亨佩尔(Carl Gustav Hempel,1905—1997),美籍德裔科学哲学家,逻辑实证主义的后期代表人物。
[14] 欧内斯特·内格尔(Ernest Nagel,1901—1985),美籍捷克裔科学哲学家,和卡尔纳普、赖欣巴赫(Hans Reichenbach)、亨佩尔一样,被视为逻辑实证主义的代表人物。

显而易见的;它们必定允许文化的和社会的价值观与利益的渗透,后者因而很可能影响着科学对自然秩序进行描述与解释的过程。如果是这样的话,那么,带有社会性别(gender)色彩的价值观和利益也就同样可能(且很可能已然)形塑科学的实践与论断。

到了20世纪60年代后期,启蒙时期的科学观已经被观察渗透理论的观念大大削弱。人们开始意识到并接受:我们的信念构成一个网络,以致在原则上,没有人能免受影响。此外,在科学中,哪怕是被我们认为最好的理论,也必定是未被充分证明的,因为任何的证据集合都有可能被用来证明理论。这样,经验证据就不再能被视为证明理论的根本性因素和客观性的唯一依据了。于是,在科学体系的程序中,信念的排序发生了松动和变化(或者说,信念因素正式开始被合法纳入科学体系之中)。这个变化允许了价值观与利益的因素在科学实践与论断的整体结构中发挥作用——当然,这种作用既可能是推动,也可能是阻碍了知识的增长。进而,再也没有什么好的理由去假设科学的统一了。因为,无论是物理学正式陈述的自然法则,还是理应为其奠基的逻辑,就其都有意无意地否定和抹杀了价值观与利益的作用而言,都不能被视为根本的和彻底的。换言之,科学必定深嵌于它们周围的文化之中,或者说——这个观点后来被改变为这样一种表达——科学与它们(文化)共同被构成。这些发现使得科学很难再维持一个神圣而"不食人间烟火"的形象,仅仅被科学哲学作为实验室里的对象进行静态研究;从此,科学也就再不能免受来自历史学家以及社会学家、人类学家、政治理论家乃至文学评论家的正当审视了。毕竟,对于大大拓展了视野和转变了路向的科学哲学而言,有什么是不能解释科学成功的原因的呢?

这,就是后启蒙科学哲学(post-enlightenment philosophy of science)时期。

其次,到20世纪70年代的时候,妇女运动已经发展出了有力的、对社会关系中几乎所有其他方面的性别分析。那么,这样一个情形能为阐明科学实践与文化之间的关系提供什么资源呢?女性主义理论家开始对科学问题及其哲学研究发生兴趣。其结果就是,出现了各种各样的分析,表明性别歧视和男性中心主义的价值观和利益是如何形塑了科研项目,以及如何令其不仅对性别关系,而且对科学和哲学的发展产生了不幸的结果。同时,女性主义理论家们还检测了其他的价值观与利益(也就是那些持性别中立观的,以及从女性的生命发现中汲取资源的),看它们是否以及如何能够产生有益的(或相对于男性中心主义而言更为有益的)影响。

对于女性主义科学哲学家们来说,女性主义科学家的研究与分析,以及科学哲学工作所积累的成果,都为其提供了实质性的理论基础。其实,女性主义科学家们本身也常常会讨论那些科学哲学传统所关心的议题。完全有证据可以证明,最初的那些被准确地描述为女性主义科学哲学的研究,正是由女性主义科学家们提供的,包括客观性的本质、认知价值及其他价值在科学实践中的作用,以及"是什么构成了'好的'科学和'好的'科学哲学"这样一些问题,都是女性主义科学家和哲学家们一直在探究的。她们想要弄清楚,这样一些问题的发展,对科学哲学来说意味着什么。

第三节 三个发展阶段

综上所述,哈丁在对女性主义科学哲学的回顾中总结其大致经历了如下三个发展阶段[15]——

在后启蒙科学哲学的第一阶段,女性主义提出了关于性别关系如何也形塑了科学及其哲学的议题。

第二阶段聚焦于一门或另一门具体科学。因为,此时的女性主义科学哲学家认为,事实表明笼统的科学太复杂,不可能对之有任何全面的哲学断言。这一阶段的参与者有伊夫琳·福克斯·凯勒(Evelyn Fox Keller)(她的著作关乎物理学和生物学),海伦·朗基诺(Helen Longino),伊丽莎白·洛伊德(Elisabeth Lloyd)及其他人(她们涉及的是生物学)。与

---

[15] 参见 Sandra G. Harding, "Gender and Science", *Routledge Encyclopedia of Philosophy* (*Philosophy of Science*), London & New York: Routledge, 1998, p. 151。

此同时,科学的实践与文化的人种论也被历史学家、社会学家和人类学家制作出来,比如,唐娜·哈拉维(Donna Haraway)关于20世纪灵长类动物学的著作(Haraway 1989),以及沙伦·特拉维克(Sharon Traweek)关于当代物理学的著作(Traweek 1988)。此外,女性主义政治理论家关于社会科学中的哲学议题,通常被认为也与自然科学相关。

到了20世纪80年代末的第三阶段,产生了一次关注更为一般的哲学问题的复兴。这一阶段的发展理应被理解为积极地吸收、利用和整合了前两个更早阶段的研究成果。此外,这一阶段的研究也明显汲取了来自文学的资源和对于再现(representation)、叙事(narrative)、话语(discourse)及修辞(rhetoric)的其他文化分析。因而,也呈现出更为鲜明的后现代主义色彩和多元化趋势。

第四节 最初聚焦的领域和集中关注的议题

关于女性主义科学论(科学元勘)最初所聚焦的领域,哈丁将其划分为如下六个方面[16]——

(1)在科学的体系/机构中,妇女被置放在哪里了?以

---

[16] 参见 Sandra G. Harding, "Gender and Science", *Routledge Encyclopedia of Philosophy* (*Philosophy of Science*), London & New York: Routledge, 1998, p.151。

及,是什么成为她们进入并停留其中继而得到发展的障碍？在每一个排斥或限制妇女的科学领域中,此种不公正会不会对其知识内容产生什么特别的后果？

（2）在何种意义上,科学应用与技术是性别歧视的或男性中心主义的？它们仅仅是某种"误用（misuses）和滥用（abuses）",还是说它们恰恰是注定由研究方法本身所产生的结果？

（3）作为生物学和社会科学研究之后果的性别歧视或男性中心主义（以缄默与歪曲的形态）存在于哪里？这些偏见是如何在自然科学研究与解释的"逻辑"中反映出来的？

（4）自然界、科学家以及研究过程的模式和含义被性别化之后,这种模式与含义是如何扭曲对自然和社会关系的科学表现的？

（5）科学哲学或认识论的核心理念——客观性、好的方法、合理性、认知个体的抽象化等——是如何被概念化为有利于统治集团的价值观与利益的？

（6）科学教育在令这些问题恶化的过程中扮演了什么样的角色？

而在研究过程中,被集中关注的议题[17]则有——

---

[17] 参见 Sandra G. Harding, "Gender and Science", *Routledge Encyclopedia of Philosophy*（*Philosophy of Science*）, London & New York: Routledge, 1998, p.151。

（1）改正"坏科学"（"bad science"）对于清除研究中产生的性别歧视和男性中心主义结果是否已经足够了？

（2）把妇女从那些选择所谓科学问题的团体中排除出去，是如何导致自然秩序（nature's order）被狭隘地和歪曲地表现的？

（3）对自然、科学家和科学方法已被性别化了的意义（即性别编码［gender coding］）的过度信赖，是如何形塑了科学论断的？

（4）如果科学研究的主体还是被编码了的男性，那么，女性怎么可能要求作为科学研究的合法发言人（亦即作为科学研究的主体）的地位呢？

（5）研究程序（技术）是以哪些方式被性别编码化了的？以及，它们的使用是如何指导了随后的性别歧视和男性中心主义的技术与科学应用的发展的？

（6）为什么使客观性（objectivity）和好方法（good method）最大化的标准竟是如此之虚弱和难以执行，以致无法阻止由有害的（即片面的、牺牲知识真正客观性的）价值观和利益来形塑研究结果呢？

第五节 几点澄清与说明

哈丁认为，要公正地了解和理解女性主义科学哲学，有必要澄清几点可能的误解⑱。

首先,女性主义并没有将社会性别(gender)引入科学或科学哲学。因为,它是本来就已经在那里了。所以,准确地说应该是这样:女性主义在这里所做的,只是将社会性别作为一个重要的、不可或缺的分析性范畴(与经济学范畴或基督教范畴一样)引入了对科学论述的哲学和社会研究之中。诚如凯勒所说,女性主义试图在"他的"(男性的)实践和"他的"修辞学当中安置拒绝"他的"特有存在的,因而是中性的(of neutrality)科学主题/体(scientific subject)(Fox Keller 1983)。此外,在这些论述中,社会性别被理解为由社会建构,而不是由性别差异所决定。同样地,社会性别不仅是个人的一种属性,而更为重要得多的则是制度(institutions)和符号系统(symbolic systems)的一种属性。由此,人的活动和社会意义都被做了社会性别化的划分。举例来讲,科学与军队的工作就被理解为比护理或社会福利的工作更具男子气概。

其次,在女性主义科学哲学内部也一直存在着张力和自我批判的声音,因而也不断进行着自我修正。比如,西方的有色人种女性、劳动阶级的妇女、第三世界的妇女、性向少数人

---

⑱ 参见 Sandra G. Harding, "Gender and Science", *Routledge Encyclopedia of Philosophy* (*Philosophy of Science*), London & New York: Routledge, 1998, pp. 151 - 152。

群以及其他被强势话语边缘化了的人,都向享有更多话语特权和更高关注度的西方女性(主要是白种和中产阶级群体)集中提出了挑战。由此,对很多处于"中心的"妇女来说,从边缘出发来思考问题也就变成一种重要的理论上和经验上的战略。女性主义工作和议题所具有的这样一种高度的自我反思意识,无疑也为科学的哲学与社会研究提供了更广泛的启示和资源。

最后,女性主义科学哲学利用了各种学科和理论的资源。现在没有,将来也不会有一种单一的女性主义科学哲学。这个领域中所有的哲学议题都是在具体科学的概念框架中,在科学的社会研究的理论框架中,以及在政治哲学的论域中被提出的。

第一章
女性主义科学批判

回顾对女性主义科学哲学作出了重要贡献的那些因素，首先肯定要数20世纪70—80年代的女性主义科学批判。这些批判不仅确定了那些有助于为这一领域划定核心问题的议题，而且，第一批被准确地描述为"女性主义视角的科学哲学"的分析，正是由实践中的科学家们提供的。

第一节 女性主义对科学的批判

在这些最早的女性主义科学批判中，最引人注目的是聚焦于**科学社会学**的批判。虽然禁止妇女参与科学的正式障碍已经排除，但是，女性主义者们依然辨认出大量非正式的障碍。它们在整个科学领域中助长了妇女的被代表和非权威地位，特别是在自然科学中，妇女代表更是少得可怜。这些障碍（其中有很多是专业科学协会已经意识到了的）包括：在大学生和研究生课程中，对男女生实践的认可度是有区别对待的；对女性研究生给予技术资助、经济资助和政府补贴的途径都更少;学历相仿的男女,女性的"再投资可能性"更低;雇佣当中的性别歧视(重男轻女)等。

在过去的几十年中,女性主义分析已然表明,社会进程影响着科学,塑造着科学的特征。对此的研究既有助于发现基于人种、种族及文化等因素而产生的上述障碍(Collins 1990;Harding 1986,1991);也有助于揭秘科学"内部的"社会安排(包括研究项目中认知权威的划分),科学内部与科学各个学科之间的权威等级的划定,等等(Addelson 1983)。

以上议题,在科学认识论、科学哲学的传统(或所谓"正统")中被认为与己无关,所以,科学哲学很少关心这些。但女性主义科学哲学家却不这么认为,她们主张那些向来被视为"外在于"科学的因素,包括科学家的社会身份和环境中的价值观等,无不影响着科学研究的方向乃至实际内容。

女性主义研究者还指出,我们不能天真地认为科学内部的社会过程(比如,同行评审和筹资机制等)就能确保最有前途的理论假说和研究纲领最终能得到资助。各种科学元勘学科中的研究业已表明,诸如权威等级和保守主义等因素在促成这类结局的产生上起着决非偶然或无足轻重的作用(相反,有时候甚至起着决定性的作用)(Addelson 1983;Harding 1986;Longino 1990;Nelson 1990)。

在20世纪70年代早期,女性主义科学家和科学历史学家开始把目光转向科学的内容。社会科学和心理学界的女性主义学者在她们的学科当中辨认出了男性中心主义,包括在研究目标、研究问题、方法、组织原则和理论中,都有它的存在。在人类学、社会学、历史学、经济学和政治学等领域,女性主义学者批判了这样一种对社会生活的表述和方法论路径——这种表述和方法论强调了男人的行为和活动是属于所谓公共领域和"文明"性质的,而女人的行为和活动(或明显或隐晦地)归属于所谓私人领域和生殖活动,从而被视为"自然的"和不变的。女性主义社会科学家还批判了她们学科的主流研究,因为其核心问题从来都是漠视与妇女相关的议题,诸如工作场所的性别歧视以及对妇女的暴力等。

女性主义社会科学家认为,这样一种对社会生活的特征刻画,它的问题不仅在于从经验上看是不充分的,是忽略或歪曲了女性在种姓和阶级维度上的可变性,以及像家庭暴力之类的现象;更成问题的是,它将男人跟文化、文明和生产(production)相联系,而将妇女跟自然和生殖(reproduction)相联系。通过在理论上将这些关系一分为二,他们就掩盖了这些领域之间实际的、至关重要的互动关系。比如,对20世纪资本主义经济结构的主流解释从不说明妇女在所谓私人领域内的无偿劳动实际上维持着该结构的关键特征(Hartmann 1981)。同样地,女性主义人类学家也指出,很多对"采集-狩猎"社会的人种志研究仅仅将目光聚焦于男人的狩猎活动(Rosaldo & Lamphere 1974)。对男性中心主义的研究问题、方法和假说的开创性分析,还得归功于女性主义社会学家(Smith 1974)、历史学家(Kelly-Gadol 1976)和人类学家(Rosaldo 1980),包括对人类进化的男性中心主义说明(Slocum 1975; Tanner & Zihlman 1976)[19]。

在**心理学**中,女性主义学者则发现了三个普遍问题。第一,关于心理发展和心理成熟,有影响力的模式都建筑在仅限于男孩和男人的实证研究基础上。第二,存在这样的假设:妇女的心理发展的轨道是"缩短了的"或"不正常的",因为它不符合那些(男性)模式(Gilligan 1982)。第三,致力于为所谓数学和空间能力的性别差异寻找物理原因(比如,脑半球的偏侧优势)的研究,常常表现出具有男性中心主义假设和循环论证的特征(Bleier 1984; Star 1979)。

这些批判对于女性主义科学哲学的出现所具有的意义或影响不容低估。它们在主流的和可靠的科学研究当中辨认出受当前社会与政治语境形塑的假设(比如,男性中心主义的假设)的作用,辨认出它们对广为大众接受的科学假说和理论起到重要作用;与此同时,也辨认出科学研究在反过来加强社会与政治的实践中也起着重要作用。此外,这些批判决不仅仅满足于消解、否定性的批判,它们常常也建设性地提出在研究重点、理论假说和方法论等方面的替代方案,或者能引领其发

---

[19] 艾希勒(Eichler 1988)和怀利(Wylie 1996a,1996b)对此发展做了极好的回顾。

展（Stanley & Wise 1983；Fonow & Cook 1991；Reinharz 1992；Wylie 1996b）。最后，它们对于女性主义在对生命科学和生物-行为科学（bio-behavioral sciences）中的男性中心主义所作的调查研究而言，也具有重要的启发作用。

女性主义对**生物学**和**生物-行为科学**研究的早期批判往往集中于那些力图根据生物学基础来建立或解释男女之间感知差异（perceived differences）的研究；那些将刻板的性别图式（比如，男性是统治的和侵略性的；女性则是被动的）强加在非人类物种的行为和社会组织上的研究；以及，那些把行为中所谓的性别差异当作一种超越文化、超越种族的普遍性，并拿它来作为行为的生物学起源的先验证据的研究。这种现象不足为奇。女性主义科学家已经对男性中心主义或性别歧视在内分泌学（endocrinology）、经验心理学（empirical psychology）、生物社会学（sociobiology）、进化生物学（evolutionary biology）、灵长类动物学（primatology）及动物社会学（animal sociology）等学科中如何影响并形塑研究的问题、假说以及对研究结果的解释进行了详细分析。这类批判的代表作有四卷本的文集《基因与性别》[20]，以及选集《女人看生物学

---

[20] 其中的第一卷为 Tobach, Ethel, and Rosoff, Betty, *Genes and Gender*, New York: Gordian Press, 1978。

如何看女人》[21]、《生物学意义的女人———一种方便的神话》[22]和《科学的女性主义路径》[23]。

到了20世纪80年代中期,女性主义科学家的批判已经大大扩展了其范围,新的批判对象包括:两性异型(sexual dimorphism)和男性中心主义在不直接涉及解释性别差异的生物学研究中的作用(Hrdy 1981；Longino & Doell 1983);在生物-行为科学中对统治性人际关系的强调;以及对生物发展进程做线性的和等级因果关系的模型假设(Hubbard 1982；Keller 1983,1985)。同样地,她们在批判的同时,也向被批判的假设和模型建议了建设性的替代方案,诸如:其他物种间社会交流与组织的更复杂的模型(Haraway 1989);特殊的生物学进程的更复杂的模型(Bleier 1984；Fausto-Sterling 1985；Longino & Doell 1983);以及,强调"秩序"("order")而非强调律法性(law-like)关系的自然关系模型(Keller 1985)[24]。

---

[21] Hubbard, R., Henifin, M. S. and Fried, B. (eds.), *Women Look at Biology Looking at Women: A Collection of Feminist Critiques*, Boston: G. K. Hall, 1979.

[22] Hubbard, R., Henifin, M. S. and Fried, B. (eds.), *Biological Woman — The Convenient Myth*, Cambridge: Schenkmcen, 1982.

[23] Bleier, R., ed., *Feminist Approaches to Science*, New York: Pergamou Press, 1988.

[24] 此外,针对物理科学(the physical sciences),女性主义也有诸多批判,可参见Barad(1996),Keller(1985)的部分章节以及Potter(1989),Spanier(1995)和Traweek(1988)。

第二节 女性主义科学批判的核心议题

在上述女性主义科学批判的发展过程中,渐渐聚焦起一些核心性的议题。它们在无论何种女性主义理论的独特路径中都反复出现并得到讨论。

一、"坏科学",抑或"标准科学"?

女性主义首先提出的问题是:作为生物学和社会科学研究结果的性别歧视和男性中心主义的缄默与歪曲,仅仅是"坏科学"的后果吗?还是说更糟糕,它竟然也是所谓"标准科学"的后果呢?

女性主义者(如 Harding,1998)根据对上述问题两种答案的选取而将分别喜好以上两种不同观点立场的人群加以区分,并将前者归类为经验论者(传统科学哲学阵营),将后者则归类为后经验论者(反传统科学哲学阵营)。当然,女性主义者也认为这一分野并不是一成不变的;但总体上认为对图谱的两极做这样一番特征的界定还是很有用处的,因为她们就是据此来思考这个问题的。

第一种,经验论者的观点,倾向于选择上述两种可能性中的第一种。他们相信,在任何一个学科领域中的好的研究,其现有的原理(principles)都没有问题;或者说,解释的经验主义逻辑(an empiricist logic)没有任何问题。问题只在于,研究者们并没有足够细致、小心地遵循它们(现有的原理和逻辑),仅仅根据男性的数据就来概括整个人类的状况,从而假设女性通常在生物功能上是未成熟的或者病态的,或假设只有男性已经进化好了——像这一类的论断,只不过是"坏科学"的例子而已。

这个阵营中的哲学家,常常会转而去批判那些认为认知者是抽象个人的传统假设,并强调可说明性(accountability)对于一个认知共同体(epistemic community)的重要性。不管他们的关注点是什么,这个阵营的特点就在于他们坚持把其研究项目牢牢安放在经验论传统之中的强烈意图。对他们来说,女性主义提出了新的议题,扩大了研究的范围,并揭示了在其行为和哲学规划中增强细致性的理由;但在根本上并未撼动研究与解释的那个经验主义逻辑。

而另一个不同的阵营则认为,自然科学中的性别问题是不可能通过经验主义的途径而被充分理解或解决的。

这就涉及上述第二种可能性的选择者,后经验论者(包括立场论者,如希拉里·罗斯(Hilary Rose)、桃乐茜·史密斯(Dorothy Smith);同时吸收了后结构主义资源的立场论者,如南希·哈索克(Nancy Hartsock);以及没有给自己冠以特殊名称的论家,如唐娜·哈拉维、桑德拉·哈丁、伊夫琳·福克斯·凯勒等。

这整个的议题范围将女性主义的后经验论者与其他的后

经验论者区分开了。但关于整个议题的讨论方式，即便是在这些女性主义后经验论者自己的阵营内部，也是各有分歧的。从哲学上来看，有些女性主义后经验论者更为保守些，而有些则更为激进些。但是，她们都有一点怀疑，即，在无论是研究还是解释的标准"逻辑"中，是存在一些问题的。男性中心主义的价值观和利益并不仅仅是偶然地出现在研究的结果中；它们同时也在科学的认知和技术核心中扮演角色，而该核心在启蒙时期的观念中，则被坚信为是免受一切社会因素影响的。如果这些价值观和利益可以渗透入科学的认知核心——科学的"方法"以及正式论断的集合——那么，仅仅是更小心谨慎地遵循现有的科学方法、理论和标准就远远不够了；相反，这些特征就必须被转变，如果我们想要让研究的结果免于被歪曲的话。同样，那些试图依赖于专家共同体——认知的或科学的共同体——的鉴定能力的补救办法也是远远不够的，因为，恰恰就是这些共同体，没有能够察觉到他们自己所共同享有的男性中心主义假设。

总之，后经验论者认为，所谓"标准科学"是有问题的，它们需要以更为激进的方式才能加以解决。

二、谁的问题？

在研究过程的每一个阶段（包括对问题的挑选）上，都有男性中心主义偏见进入科学中。科学家将追求哪些问题作为研究目标这件事,在任何时候都是更少归因于科学家追求真理(无论它将会是什么)的个人选择,而更多地归因于他们的赞助商和文化这样一些优先因素。然而,流行的观念却一直认为,问题的选择不会影响到科学的认知和技术核心。

事实上,后库恩主义科学史和科学人种学已经极其详细地揭示了,在政治上有利的决策一定会影响到科研项目和方法的选择。譬如,一个问题的一种问法是这样的:如何鉴定癌症最直接的生物学原因?而另一种问法则是:如何鉴定癌症诸多原因中最强有力的、环境中的致癌物?那么,可以肯定,从两个研究结果中得到的关于自然与社会关系的图景将会非常不同。聚焦于生物学原因,支持的就是医学/药物研究者、烟草制品、垃圾食品与肉品工业,以及工业与军事污染者的利益与价值;而聚焦于环境原因,支持的则是他们的批评者和环境研究者的利益与价值。没有哪一条路径可以是利益中立的(interest-free)。

女性主义者们辩称,我们关于自然与社会世界的集体性知识(collective knowledge)不成比例地表现了那类代表着占统治地位的社会制度利益的问题,它们的兴趣在于增加利润,实现社会控制最大化,使等级体系的权威和现状合法化,从而发展处于优势群体中的男性价值观与利益,而这常常是以牺牲穷人、女人、少数人种和民族,以及世界其他地区的"穷人"

的价值观与利益为代价的。科学所乐意采用的揭秘自然秩序的模式和内容,也不成比例地反映了统治集团想要知道什么,以及不想要知道什么。

面对这个问题,所有的女性主义者都提出建议说,科学共同体应该变得更兼容科学理性(scientific reasons)和社会公正(social justice)。由于受害者总是倾向于对(哪怕是不那么明显的)歧视要更敏感些,因此,她们的出席和批判性分析有可能会改善科学的能力,使其达到对自然的表达更少偏颇和歪曲。然而,这样的策略就其本身而言,其有效性也颇为可疑:当来自边缘人群的个人仅仅是被插入统治集团以及常常只是抵制制度,而不带来任何其他改变的时候,边缘人群的关注点会倾向于保持其被边缘化。

有些女性主义者就此提议了一个额外的策略,可能可以系统地帮助消除科学对自然的表达中的歪曲——这些歪曲是由男性中心主义、欧洲中心主义,或由科研共同体所共享的其他价值观与利益(以及通常地,由他们的文化)所制造的。她们提议的策略就是,首先从占统治地位的社会制度和科研律令(research disciplines)的概念框架的外部,也就是说,从那些为这些制度和律令的运作承担着不成比例的成本份额的人们的生活立场出发,来概念化科研项目。立场认识论(standpoint epistemologies)从而指导研究者从女性的生活(这里的"生活"是个复数,因为"女性"是一个和"人类"同样多样化的范畴)开始进行研究,形成科研的问题。这一"方法"是一个集体的和政治的进程——一个社会性的和科学上的成就,而不是女性经验或女人们过着"女人的"生活自动产生的结果。在某种意义上,她们正在提议一种发现的逻辑,以追求更准确的(因其利益平衡)、对自然与社会关系的表达。

三、性别编码

在现代科学历史中流行至今的,关于自然界、科学家以及研究过程的性别隐喻(gendered metaphors)和模型,我们应该如何来理解呢？从培根(Francis Bacon)和马基雅维利(Niccolò Machiavelli)的作品开始,一直到当代的科学文本,历史学家和哲学家已经如此娴熟地表明了一种"自然界-她、科学家-他"式的语言。苏珊·波尔多(Susan Bordo,1987)、凯勒(Keller 1984)和卡洛琳·麦茜特(Carolyn Merchant,1980)向我们展示了,援引科学的"超男"("hyper-masculinity")意象是如何为早期现代科学中唯器官变化论者(organicist)"母亲世界"("mother-world")的缺失提供安慰的。她们和其他人都认为,这样的隐喻和模型帮助构成了科学论断的认知内容。

互动论者关于隐喻和模型的理论认为,这种具有社会意义的语言和概念是每个科学理论必不可少的部分。"自然是一架机器"不仅在启发性和教学上是有用的;它也告诉科学家如何将他们的理论发展到新的领域,以及,当观察证明是反对(理论)的时候,应在哪里做出修改。当机器变得越来越常见和自然,自然也同样地被经验为越来越机械化。而当隐喻变得更为常见时,它的常规功能就从明确的计划变成默会知识(tacit knowledge)。同样地,把自然概念化为一个野蛮的和不守规矩的女人(如果男人想要能够掌控他的命运,则必须要驯服那个女人)——诚如马基雅维利所做的——,指导了科学家去赞同某些与自然的交道方式,也归化了(naturalizes)某些对待女性的方式。启蒙科学(enlightenment sciences)受到了这样一个错误观念的指导,即认为存在一个"赤裸裸的自然"("bare nature"),科学家如果能揭去她用以隐藏其真实面目的面纱,也就能直视到它("赤裸裸的自然")了。但是,这个隐喻歪曲了我们对于"作为知识的一个客体的自然"("nature-as-an-object-of-knowledge")如何总是已经被社会所建构的理解,因而也不会赞同那些被文化选择来投射在其(自然)秩序之上的合理、古老的恐惧,幻想或欲望。人们说着各种不同的隐喻、模型和概念框架,而自然的回应程度就跟人类与它的互动一样多,而且仅仅是那么多。

这样的性别编码出现于显然从巴门尼德(Parmenides of Elea)开始的古代的二分实践,一直到今天的建构"自我-他者"模式("self-other" schemas)(被编码为"男性-女性"):理性-非理性,逻辑-情绪/情感,文化-自然,动态的-静态的,心-

身，成人-婴儿，抽象-具体，自治的-从属的/关系的/语境的，等等。倚靠这些符号体系可能导致压迫性的社会关系和对自然秩序的扭曲理解。毕竟，对男人和女人的本质而言，二分法在经验上是错误的。我们对自然的理解，从更宽广的隐喻阵列和科研过程中获益得更多，而从密闭于此种男性中心主义的隐喻许可中获益更少。

此外，几乎任何一个执著的女性主义者都一直在关心的事，是作为男性的中立立场的现代编码。如果最大化客观性（objectivity）和合理性（rationality）被概念化为要求中立性，并且，男性/男子气（masculinity）的定义部分地依据于其中立性（甚至于性别，因为"男人"和"他"被视作代表了一般的人类），那么，去想象女性也可以是客观的和理性的这一点就是一种矛盾了。这一点被如此顽固地保留着，即便是当她们的成就和男人们的成就不分伯仲之时依然如此。女性作为理性的、客观的思想者，没有说话的余地，因为那个地方已经被男性占满了。此外，那些科学的领域，被认为是最少受到社会价值和利益影响的，因而也最堂而皇之地成为男性的领地。恰恰因为它们被认为是最中立的，所以，物理学、数学和逻辑成了最男性化的智力场所。

值得强调的是，这些关于性别隐喻和模型在科学中的作用的争论，并不关乎个人的特殊动机，而是关于机械论或唯器官变化论者的隐喻的作用的争论。在这里，重点并非男性中心主义的个人并不是议题所在,而是文化假设、恐惧、欲望、价值观,以及利益。被柏拉图(Plato)、马基雅维利、培根和笛卡尔(René Descartes)所用的这些隐喻和模型很有趣,因为他们所暴露的是关乎文化的东西:在这些东西当中,这些个人为想象中的观众建构起了属于他们的文本。

对这些扭曲的概念框架,应该做些什么呢?一个被广为分享的提议是,在自然、科学实践,以及科学史和科学哲学中恢复和重估女性,以便扩大科学的概念资源。如果自然的等级模型(hierarchical models)被追求性别或其他社会等级合法化的文化所偏爱,那么,我们就失去了理解那些自然秩序的"民主"面向(它们常常被编码为女性)的机会。如果研究的男性模型被偏爱,我们就失去了理解自然秩序的那些用女性方法可能被揭示的方面的机会。如果理性(reason)必须要与情绪/情感(emotions)分离,而客观性要与文化定位分离,那我们就失去了理解情绪/情感和文化可能在知识的增长中所起到的积极作用的机会。

另一个提议是,寻找那些不强调性别差异重要性的隐喻和模型,并指出那些强调性别差异重要性的隐喻和模型的局限性。这样,我们就可以有机会领会关于自然秩序的那些迄今为止都不那么明显的方面,同时破坏性别差异霸权的压迫性规则。

四、技术

和关于科学的讨论一样,女性主义关于技术的视角也利用了最近的建构论倾向,显示了人工制品是如何蕴含政治因素的:茱迪·瓦克曼(Judy Wajcman)的重要分析(Wajcman 1991)就是聚焦于这样一些议题,因为它们发生于工作组织、复制品、建筑环境、军国主义和电脑文化当中。研究的技术,同样也蕴含性别因素。现代科学常常被区别于推测性更强的传统科学,而这种差异很大程度上是由于现代科学所运用的实验方法依赖于介入自然的技术。所以,这些研究显示,科学的社会后果正是它们的认知核心之特征的直接结果。举例来说,如果一个人通过的是操纵的方式来学习基因或子宫外的繁殖形式,那么,这个人也就创造了如何去改变它们的蓝图。所以,科学的技术应用部分地是受到了成功的研究方法的指导。

这些论断具有价值也是因为,它们启发我们看到:西方人所要求的所谓科学性事实上却习惯于将压迫性的社会关系强加于发展中国家的妇女身上。同样地,女性主义立场的方法揭示了,技术哲学以及技术的其他社会研究应该从那些在西方的科学技术中遭受了苦难的人们的生活来开始,这样才能获得一种对技术更少偏见和歪曲的理解。

五、客观性与方法

女性主义对传统科学哲学所设定的客观性目标、中立性理想,以及实现它们的方法有着明确而一贯的反思。以下五个分析将显示其反思的范围与方式。

第一个(在前面对性别编码的讨论中提到过):如果客观性要求中立性,而中立性被编码为男性,则一个妇女——或者一个为妇女利益说话的女性主义者——如何才能声称女性言论的客观性呢?并且,科学如何才能断言其客观性,而避免继续高估男性气概呢?很多女性主义者已经发现这些反对意见是引人注目的,并建议采纳另一些语言——比如说,主观主义或相对主义——来讨论我们对自然和社会关系的理解的可靠性。然而,另一些人则力图澄清或转变客观性这一概念。

海伦·朗基诺(Longino 1990)力图表明即便科学是被社会所建构的,但它依然有可能获得客观性。一个理论,其证据的相关性(relevance)由调查研究的语境,由信仰背景(background beliefs)所决定。经常是,信仰背景中的社会的或实际的利益(语境价值,contextual values)——包括性别利益——已经作为认知价值(cognitive values)(基本价值)而起作用,而后者恰是决定什么才可算作是好的科学判断的东西。但是,她辩论道,我们可以独立地辨认出这些信仰背景,并由此来显示某些事态是如何被当作假设的证据的(且不管它们是对是错)。这样的过程是社会性的,因而也是公共性的(public),因为它们依赖于一个科学共同体。科学共同体分享着一种共同语言,他们用它来描述那些筛选出特殊因素和主观因素的经验以及主体间的一致性。最重要的是,因为那认知者正是科学共同体,而不是科学家个人,所以,加强对批判作用的关注对于克服在这样一个共同体中的力量失衡——失衡的结果是贬低合理批判的价值——来说是非常重要的。客观性要求一种具有改造能力的(transformative)批判,以便共同体通过其所有合格的成员,根据这种批判来调整它的假设和进程。

伊夫琳·福克斯·凯勒吸收了精神分析学说,证明客观性最好是重新被概念化为得益于主观经验的运用,而不是相反的东西。这一"动态的客观性"("dynamic objectivity")与主流哲学偏好的"静态的客观性"("static objectivity")形成对照。在后者当中,认知者必须对研究的客体采取一种基本上对立的关系。这样一种科学,带着它统治和强制的修辞,吸引了这样一些人,他们在对自然和他人关系的排他性方式中,至少在这类关系的同样的揭示风格、方法和理论中,找到了情感和认知上的舒适。"好科学"在过于狭窄的方式上被定义。动态的客观性"承认我们周围世界独立的完整性,但是以这样一种方式这样做的,即,仍然认识到,事实上是依赖于,我们与那个世界的连通性……动态的客观性并不异于同情心(empathy)"

伊夫琳·福克斯·凯勒(Evelyn Fox Keller, 1936 —)

(Keller 1985a)。动态客观性的漫长历史,可以在很多科学家的思想中被发现,他们并不将其工作视为一种主体对客体的对抗性活动。

桑德拉·哈丁证明(1991),中立性的理想可以有效地与客观性的目标脱离关系;最大化"强客观性"的方法可以替代以价值中立来保障客观性的策略。男性中心主义、欧洲中心主义等,事实上已经被所有科研共同体所共享;它们已经不是一种主观的、特殊的价值观。但是,这样一些价值观却常常因为对科学中立性的声张而获得掩护。中立性的理想对于发现概念中的权力实施是一种阻碍,因为它仅仅将权力的批判归类为政治议题,而没有把那些声称"不受任何影响的观察"者,那些躲在"标准程序"和"合理假设"保护下的人纳入进去。立场认识论指导人们首先从占统治地位的机制、实践和文化之外,转而从弱势群体的生活出发来制定问题,力求以此而为自然科学哲学和社会科学哲学提供系统的资源——一种"强方法"。立场论弃绝了认识论的基础主义和相对主义,很小心地既不完全认同,也不淹没他者的声音;它坚持,只有处于社会中的知识,只有局部的视角,才是可能的。那些从弱势群体的社会地位中产生的知识,对于自然与社会关系的理解,更少发生偏颇和歪曲。

唐娜·哈拉维关于客观性的反思出现于她在论述科学的生产("技术性科学",即"technoscience")与文化的生产之间的关系这个深刻问题的背景中。她进一步发展了立场论的伦理和政治意涵,强调——而非隔绝——了对客观性概念的需要,(因为)它引发科学的自然图景和理性认知者的责任议题。她也证明知识的对象必须被重新概念化:

> 坚持伦理和政治秘密地或公开地为作为一个异质整体(a heterogeneous whole)的科学,而不仅仅是为社会科学中的客观性提供基础,它的一个必然结果就是授予世界"客体"以自主者/行动者(agent/actor)的身份……由此,对一个真实世界的报道,不再依赖于一种"发现"的逻辑,而是依赖于一种负载权力的"交谈"的社会关系(a power-charged social relation of "conversation")。(Haraway 1991)

她提议,这样一个自主者可以被描绘成常常出现于美国西南部印第安人报道中的郊狼(coyote)[25]或骗子(trickster),因为这一形象"暗示了当我们放弃征服,但继续追求精确性(fidelity),并始终知道我们会被自然所蒙蔽的时候,我们的处境"。

---

[25] 郊狼,也被称为美国豺或草原狼,是犬在整个北美和中美洲的一个物种,包括巴拿马南部,北部通过墨西哥、美国和加拿大,在阿拉斯加和加拿大最北端的部分也有出没。

总之,令人吃惊的是,即使是最激进的、关于科学的主流哲学和社会研究,对性别关系的哲学影响所给予的关注也是那么的少。事实上,他们从社会领域中排除了这些关系。在这方面,以及在关注种族/帝国关系(race/imperial)的概念效果(conceptual effects)和自我反身/反射性(self-reflexivity)议题的更严格的理解方面,女性主义者的报道更客观。

女性主义在对权力与知识之间关系的关注中,科学地分析并促进了对启蒙理念及其政治后果广泛的批判性再检查。她们的各种面对后启蒙科学与科学哲学的尝试,已融入广泛的全球性项目中,并带来了更为民主的西方科学。然而,女性主义项目也完全是内在于西方传统的,因为她们正是从那里的一个古老项目中浮现出来并发展了它,那就是:批判强势阶层偏好的信念,以便阻止知识生产领域的"强权产生公理"("might makes right")[26]。

---

[26] 参见 Sandra G. Harding, "Gender and Science", *Routledge Encyclopedia of Philosophy* (*Philosophy of Science*), London & New York: Routledge, 1998, pp. 152–156。

第二章

女性主义科学哲学的基本概念
——情境中的认知者㉗

女性主义的认识论与科学哲学和西方传统的(或所谓"正统的")认识论与科学哲学的出发点非常不同。在后者的理论框架中,首先存在着一个绝对实在的客体,即需要我们去认识的对象。若要达到对这一客体的客观、真实的认识,则要求作为认知者的主体尽可能排除一切主观偏见、不受任何社会性因素所影响。女性主义者的见解则不同。首先,一种纯粹的

㉗ 与情境中的认知者(situated knowers)相关的"情境化认知"("situated knowing")是从女性主义认识论中产生出来的、最有影响的概念。术语"情境化认知"或"情境化知识"第一次得到阐述是在唐纳·哈拉维的论文《情境化的知识:女性主义中的科学问题,以及局部视点的特权》("Situated Knowledges: The Science Question in Feminism and the Privilege of Partial Perspective")中,该文是对桑德拉·哈丁著作的一个回应。该论文最初发表于1988年的《女性主义研究》(*Feminist Studies*),后来收录在她1991年的《类人猿、赛博格和女人》(*Simians, Cymborgs, and Women*)一书中。本章内容主要参考了以下文献的第一部分:Anderson, Elizabeth, "Feminist Epistemology and Philosophy of Science", *The Stanford Encyclopedia of Philosophy* (Fall 2012 Edition), Edward N. Zalta (ed.), URL = ⟨http://plato.stanford.edu/archives/fall2012/entries/feminism-epistemology/⟩。

客体和纯粹的主体并不真实存在,认知者总是处于与被认知者/知识对象及其他认知者的特定关系所组成的情境中的。故而其次,被认知者/知识对象及其被认知的方式(即知识的表现形式)也就总是反映了认知者的情境、视角或立场。

第一节 一般的情境化知识

一般的情境化知识考虑的是,人们是如何可能以不同的方式来理解相同的知识对象的;亦即,对同一知识对象的不同的知识表现形式反映了他们(认知者)处于对它(知识对象)的不同关系之中。而可能影响到认知关系的因素则大致有如下这些——

具身性(embodiment)。所谓具身性是指人是一种身体性的存在,身体是我们存在的必要中介:人们通过身体的感受、体验以及使用他们的身体来认识这个世界,存在于世界中乃至改造世界。然而,每个人的身体构成和具身体验是不同的;并且,人们总是处于不同的时间与空间之中。哪怕仅仅由于不同的物理位置,就足以导致那些站在对象前的观察者和那些在远处却是俯瞰它的观察者所获得的关于这同一个对象的信息之间产生明显的差异。

第一人称(first-person)与第三人称(third-person)的知识。所谓第一人称的知识与第三人称的知识,是指从不同的角度及以不同的程度(深度、密切度)来表述知识。人们通常会自然地使用第一人称的表述方式,来表达他们自己的身体状态和精神状态，仿佛他们就在这些状态中一样。我们说，由此而产生出的是一些相关现象学事实的直接知识。而第三方则可能仅仅只能通过富有想象力的推测，联想自己曾经历的相似体验，或通过获得叙述者的证词来了解这些状态，解释那些表面的症状。所以，人们拥有关于其自身的知识，并往往通过类似于"**现在，我的这里在痛**"这样一种形式（使用第一人称主语，且通常借助于指示词）来表达它们。其特性和推理作用不同于拥有相同内容的命题知识（propositional knowledge），后者的特点是不使用指示词。

情绪、态度、利益及价值观。回顾我们自己的认知过程，我们就不难发现，人们对事物的描述常常与他们的情绪、态度、利益和价值观密切相关。一个典型的例子就是：一个小偷会把一把锁描绘成一种令人沮丧的障碍物；而锁的主人则会把它描绘成一种令人安慰的安全之源。

关于他人的个性化知识。人与他人处于不同的个人（即个性化的）关系之中，由此，就决定了人们会得出不同的、关于他人的知识（认知）。这类知识常常是直觉性的、心照不宣的和不完全被阐明的。就像开玩笑的知识一样，它对一个人的意义更多地在于解释的技巧，而不同于一组命题。（德语有效地将此标记为"认知"["Erkenntnis"]与"科学"["Wissenschaft"]之间的差别。）因为人们对不同的他人关系不同，表现有所差异；他人根据他们的个人关系对其行为的解释也有所不同，也就是说,他人是根据这些关系来了解他们的。

技能。人们有着不同的技能,这也可能使得他们拥有不同的知识。比如,一名熟练的驯兽师比一个新手更了解如何让某种动物做有趣或复杂的事情。从这一行家的角度来讲,这类技能无疑体现了一种更细致准确的、对此种动物的理解,进而也更有可能催生可供研究的、关于此类动物的新现象。

认知模式。人们对事物有着不同的研究和表现模式。对一个旅游观光客来说,眼前的山是这个样子,具有这样的意义;而对居住在山里的农人或前来考察的气象学家来说,眼前的山又是另外的样子,具有另外的意义(海德格尔的例子)。

信仰背景和世界观。根据不同的信仰背景,人们会形成对一个对象的不同信念。基于不同的信仰背景来解释一个患者的症状时,患者可能会想他正在犯心脏病,而他的医生却相信他只是胃痛而已。在总体形而上学或政治世界观(自然主义、一神论、自由主义、马克思主义等)上的差异也可能在一个更广泛得多的范围内产生出细节上的不同信念。

与其他调查研究者的关系。人们与其他调查研究者很可能会处于不同的认知关系中(比如,作为被调查者、对话者、学生等身份角色),这影响着他们对相关信息的获取以及他们向他人传播他们的信念的能力。

以上这些情境性因素以如下几种方式影响着知识的形成过程和表现形式。首先,它们影响认知者获得信息的途径,以及他们描绘其所知事物的方式。其次,它们对他们的知识的形式(清晰的/含蓄的,正式的/非正式的,等等)产生影响。再次,它们影响他们对自己的信念的态度(确信/怀疑,教条的/可修正的),他们的辩护标准(即赋予不同的认知价值的相对权重,如预测能力、一致性、数量、来源,以及在接受一个论断前所要求的各种证据,等等),以及他们宣称其信念所具有的、并能提供给他人的权威性。最后,它们影响认知者关于论断是否重要或有意义的评估。

第二节 社会情境

认知者与世界间的身体、心理关系以这些方式影响着他们(能)认知什么,以及如何来认知,这些方式中有很多已经为认知心理学、自然化的认识论(naturalized epistemology)和科学哲学所熟悉并得到广泛研究。女性主义认识论将这类研究更推进了一步,考虑了认知者的社会定位是如何影响着他/她的"所知"与"何以知"的。从这个意义上说,女性主义认识论也可以被视为社会认识论的一个分支了。一个个人的社会定位包含了他/她所归属的社会身份(性别、人种、性取向、种族划分、社会等级及门第,等等)和社会角色或社会关系(职业、政党党籍,等等),其中部分地是由于其不同的归属身份,个人所具有不同的社会角色,它们赋予其不同的权力、责任以及角色给定的目标与利益。他们从属于不同的规范,这些规范规定了对于这些社会角色来说被认为是适宜的不同美德、习惯、情绪和技能。他们由此也获得不同的身份认同。一般来说，一个人主观上对其社会群体的认同可以采取几种形式。她可能仅仅知道她自己有某些被确定的身份。她可能接受或认同这些身份，积极肯定那些与之相关的规范与角色。或者，她可能认为自己的社会身份是压迫性的，难以忍受的（比如讲，如果她的身份被社会斥为罪恶的、卑劣的或令人厌恶的）；但是，她视自己的命运为维系于她所属的那个群体，并跟那些群体中的其他成员一起致力于集体行动，以克服那些压迫（如女性主义者所实践的）。

第三节 社会性别：社会情境的一种模式

大多数女性主义理论家在性别（sex）与社会性别（gender）之间做了区分。性别包含了男人与女人间的生物学差异。社会性别则是由社会制造的性别差异：不同的角色、规范，以及它们指派给男人与女人的意义和与之相关的事情（这些事情基于男女不同的性别特征而设；然而这些性别特征却既有可能是真实，更有可能仅仅是被想象和建构出来的）。由此，社会性别就有了如下多重向度——

性别角色。 男人和女人归属于不同的社会角色。举例来说，大多数社会在政治和军事岗位上预留的多数都是男人，而女人则多数被指派给抚养孩子的责任。

性别规范。男人和女人被期望遵守不同的行为规范和身体动作。比如,男人被期望是坚定而自信、体格健壮的;女人,则被期望是恭顺而端庄的。性别规范又被调整为性别角色:男人和女人被期望遵守那些能使其适应他们的性别角色(无论他们实际上是否具有那些角色)的规范。

社会性别化的性格与美德。如果男人和女人各自都遵守指派给他们的性别规范的话,那么,他们被期望所具有和呈现的心理特质分别就应该是"男子气的"("masculine")和"女人味的"("feminine")。"男子气的"特质因此被视为男人的美德而(常常)是女人的罪恶;同样地,"女人味的"特质被视为男人的罪恶和女人的美德。

社会性别化的操演/行为。很多女性主义理论家(常常是受到后现代主义影响的)已经开始强调社会性别的语境性和操演性(performative)[28]因素,如韦斯特和齐默尔曼(West &

---

[28] 这里的 performative 与朱迪斯·巴特勒(Judith Butler)在《性别麻烦》(*Gender Trouble*)一书中所提出的关于 performativity 的理论范畴直接相关。对于 performativity 这一概念,国内现有的翻译尚不统一,有诸如"表演论"、"表演性"、"操演性"、"操演"、"述行性"等多种说法(见朱迪斯·巴特勒著,宋素凤译:《性别麻烦:女性主义与身份的颠覆》,上海三联书店 2009 年版,第 1、5、8、198 页;另见朱迪斯·巴特勒著,李钧鹏译:《身体之重:论"性别"的话语界限》,上海三联书店 2011 年版,序第 2—3 页)。为表明此概念内涵的独特性,本书中采用该中译本所确定的"操演(性)"译法,以凸显其更缺乏"表演"概念中蕴含的中性特征或自由意志因素。但在一般情况下,表达 performative 的意思时,也会根据语境使用"表演"或"述行"等表述方式。

Zimmerman 1987)、巴特勒（Butler 1990）。和那种认为男性气质和女性气质在每一种社会语境中都有固定不变的表现的观点不一样，这些理论家将人类描绘成更灵活易变的，并认为无论男人还是女人，都可能在不同语境中同时表演着"男子气的"和"女人味的"行为。一个男人，在女人面前不会温柔地安慰一个哭喊的婴儿，但在只有他一个人的时候却可能这么做。女性健身者则会以一种"女性的"方式，努力卖弄她们的肌肉。所以，与其认为男性气质和女性气质只是在固定的、独特的性别角色的行为中才显现，还不如将它们视作在几乎所有角色中都可能被表演的相反风格。

性别认同。一个人被归属于的性别认同（即他人如何识别他或她）未必契合他或她主观上的性别认同（即一个人"真正"意义上是男人或女人）。主观上的性别认同包括一个人可能将自己理解为一个男人、一个女人、两者皆是或两者皆不是的一切方式。一个人也许认同被规定给这一性别的性别规范、角色和性格的任一子集，就此而言，他视自己为其中一员，但却拒绝其他子集。一个人甚至可能拒绝性别规范中的全部子集，但仍然认为自己是一个男人或一个女人，其依据就是，在他看来男人和女人在一个正确的未来（这个未来可以包括也可以不包括性别差异）中应该扮演的独特角色。一个人可能，像很多女性主义者所做的那样，将她的性别认同理解为一种困境：所有人都陷在这一困境中，带着同样的、被规定的身份;但也因此而将当下的困境积极地理解为促使集体采取行动来改变每个个人命运的现实基础。一个人可能信奉一种"男性中心主义的"身份认同规范,包括"女人味"和"男子气"的角色、规范与性格,但却完全拒绝察看自己在性别上同时存在着两极分化,或者拒绝在后现代主义的精神中思考性别认同。

性别象征主义/符号论。通过惯常的联想,富有想象力的投射,以及隐喻性的思考,动物和无生命物体也可能被置于一种性别化的表现领域中。由此,车库被视为"男性"空间,厨房则是"女性"的;雄鹿被称"妻妾"成群;梨被视为"女性化的",冲锋枪则是"男性化的",诸如此类。

第四节 性别化的知识

通过汇总和解释这些一般的情境性知识以及作为一种社会情境的社会性别,我们现在可以进一步罗列出一个关于性别化知识的目录来。通过这个目录,我们将会发现,人们所知道的或以为他们所知道的(即知识)不仅可能都受到他们自己的性别(包括前述角色、规范、性格、操演和身份等内容)、他人的性别或关于性别的普遍观念的影响,而且是以不同的方式受到影响。继而,每一种性别化知识的模式又都产生出新的认识论问题来。

性别化身体的现象学。人们的身体并不仅仅是在生理性别上有别；他们在社会性别上也相区别。早期的儿童社会化训练就是使男孩、女孩的身体行为符合对身体的不同社会规范与要求。在美国，对男孩所强调的规范是诸如身体的自由、好斗/竞争性的游戏、大量的运动技巧、非正式的和放松的姿势、随意的穿着以及整洁和外貌；对于女孩，强调的则是身体的约束、温和的游戏、少量的运动技巧、正式和端庄的姿势、对穿着的自觉意识以及整洁和外貌。一旦这些规范被内化，它们就会深刻地影响具身体现(embodiment)的现象。它们告诉了男人们和女人们各自不同的第一人称知识(first-personal knowledge)：关于在身体中可能居住着什么，可能表达着一种或另一种性别独有的什么能力(如哺乳)，以及可能通过有性别差异的身体中的不同部位而得到何种体验(如性高潮)等。它们也造成了男人们和女人们在性别化行为中获得的体验。

这些事实给女性主义认识论提出的一个问题是：在这个世界中，占统治地位的模式，尤其是涉及身体与精神之间关系的统治模式，在何种程度上看来已经是铁板钉钉的了——只因为它们符合一种男性中心主义的现象学？（Young 1990）

性别化的第一人称知识。这个问题的关键在于当一种知识直接关涉到"我"自己的时候。比如，我们要知道什么是性骚扰，并知道如何在一个案例中以第三人称的术语来鉴定它，这是一回事；而要承认"**我**被性骚扰了"则是另一回事。有女性主义理论家研究发现，很多能够看到妇女普遍处于不利地位的妇女,却往往难以认识到她们自己也"分享"着妇女的困境(Clayton & Crosby 1992)。这一现象表明,对自身的认识/知识的问题尤其迫切地需要女性主义理论的帮助,因为后者所致力于的理论化方式是妇女能用来改善其实际生活的。它使妇女们能够清醒地意识到她们自己以及她们的生活就处在女性主义者关于妇女困境的报道中——我们自己的生活就是那被研究的案例。所以,女性主义认识论特别关注于调查女性主义者自我理解的状况。

性别化的情绪、态度、利益及价值观。如果一种表述在描绘这个世界的时候,都是和男性或男性化的利益、情绪、态度或价值观有关的,那么,女性主义理论就将其定义为男性中心论的(androcentric)。根据那些据称特别适合男人去拥有的社会角色所给与一个男人的目标来讲,或者根据他主观的性别认同来讲,一种"男性的"("male")利益就是一个男人所具有的利益。根据那些被认为特别地合乎男人的态度或心理倾向来讲,一种"男性化的(男子气的)"("masculine")利益就是一个男人所具有的利益。这类态度和利益构成了那些拥有它们的人们的认知。举例来说,有一种颇具代表性的理解方案粗暴地将妇女归类为或者是"婴儿"、"母狗"、"妓女",或者是(祖)母亲,这就是反映了男性中心主义的态度、利益,以及单身异性恋青春期男子的价值观——也就是说,他们是根据她们是否在想象中符合与之性交的条件来打量妇女的。如果一种表述对世界的描画是关乎女性或女性利益、情绪、态度或价值观的,那么,它就是女性中心主义的("gynocentric")。当一个男子被描述为"钻石王老五"时,这就反映了一个渴望婚姻的异性恋单身女性的女性中心主义视角。一种利益、情绪、态度或价值观可能在象征性意义上是社会性别化的,哪怕男人和女人们的表现没有明显不同。比如,根据象征意义上的女性价值观——即在文化上被与妇女的性别角色相联系的价值观——来讲,关怀伦理(the ethics of care)就代表了道德问题(Gilligan 1982)。由此,它可能被认定是一种象征意义上的女性中心视角,虽然男人和女人在其表达道德问题的倾向上并无不同,而且他们同样都能做出相应的行为。这表明男人也能以"女性的"方式行事。

女性主义认识论就这些现象提出了大量问题。对事情情境化的情绪反应会成为了解他们的一个有效资源吗(Diamond 1991;Jaggar 1989;Keller 1983)?支配性的实践、科学概念和科学方法反映了一种男性中心的视角或是一种反映了其他占统治地位的因素(如种族和殖民统治)的视角吗(Merchant 1980;Harding 1986,1991,1993,1998)?主流哲学中的客观性、知识和理性概念,反映了一种男性中心的视角吗(Bordo 1987;Code 1991;Flax 1983;Rooney 1991)?如果要让具体科学的概念框架反映女性的利益,则应该如何来改变它们呢(Anderson 1995b;Waring 1990)?

处于性别化关系中的他者知识。性别规范为男人和女人不同地建造起各自被认可的社会空间,以及向他人所做的自我展示。一般来说,男人显示他们的男性身份,女人则显示她们的女性身份。但是,人们在一人独处时的表现与身处男女混合的场合中时的表现是不同的;此外,当人们身处男女混合的场合中时与身处只有某种性别的环境中时,表现也不一样。所以,男性和女性调查者可以获得不同的关于他者的信息。男性和女性人种志学者可能被获准进入不同的社会空间。即便是获准加入同样的社会空间,他们的存在也会对那些被观察者产生不同的影响,因为他们并非站在与他们的研究对象同样的社会关系中。一般认为,物理对象并不因为观察它们的是一个男人或一个女人而表现得有所不同。但是人类的确会因为他们对正在观察他们的人的性别的固有观念而表现得不同。

所以,通过研究者与被研究者之间的个人接触来得到关于他者的信息,这样的研究产生了这样一个问题:调查结果如何可能受到研究者与被研究者之间的性别关系的影响,而且,是否性别包容(gender-inclusive)的研究团队更有助于发现这一点?人种学从与当地被试者长期的并通常是亲密的关系中获取的个人知识中得出关于他者的命题知识,最为尖锐地提出了这些议题(Bell et al 1993;Leacock 1981)。类似的议题还产生于调查研究法、临床研究和人类实验之中(Sherif

1987)。

性别化的技能。有些技能是被贴有男性或女性的标签的,因为男人和女人特别需要它们去执行他们各自的性别角色,而且它们不是一般地对几乎所有角色都有用(像走路、交谈和看那样)。要知道如何照顾好小孩子,需要一种特殊的知识;要鼓舞起士兵的士气,也需要一种关于士兵的特殊知识。虽然男人和女人同样都可以通过学习和练习而掌握这些技能,但它们还是被认为分属于一个或另一个性别的特殊职责。所以,男人和女人可能有着不同的机会获得这类技能型知识。如果一种技能被别人认为是适合某一种性别的领域(比如,照看孩子适合于女性,而鼓舞士气适合于男性),那么,别人就会更容易肯定和认可一个性别"合适的"专门知识,而倾向于否定一个性别"不合适的"。如果这项技能被人们认为是适合于"另一个"性别的领域,那么,他或她就可能很难看到他或她自己自信而顺畅地执行它;而这种无法将自我认同于该任务的自卑感则又可能损害绩效,最终导致恶性循环。由此可见,性别化具身现象学(the phenomenology of gendered embodiment)的反馈效应和一个人自己主观上的性别认同的"自我"认识很可能会影响到性别化技能的练习和掌握。这样的话,技能的性别化规范就显得更不容置疑和具有先天合理性了。

这些现象为认识论提出了各种问题。某些科学技能的"男性"象征,诸如对自然的"客观"立场的假设,是否妨碍了妇女获得进入科学的公平机会呢？事实上或象征意义上的"女性"技能是否有助于科学知识的获得呢（Keller 1983，1985a；Rose 1987；Ruetsche 2004；Smith 1974）？

性别化的认知风格。有些理论相信男女有着不同的认知风格（Belenky et al 1986；Gilligan 1982）。无论该理论是否正确，认知风格确有其性别象征（Rooney 1991）。演绎的、分析的、原子的、非语境的，以及定量的认知类型被贴有"男性"标签；而直觉的、综合的、整体的、语境的，以及定性的认知类型则贴有"女性"标签。这类关联并不完全是武断的，比如，将蓝色归于男性而粉红归于女性；又如，用论证的方式来说服别人被视为是男性化的做法，而女性化的做法则是叙述。论证通常被理解为一种对抗性的话语方式，一方以此击败对手来为自己辩护。这种对支配权的追求缘于对男性性别角色在战斗、体育竞技和生意中的竞争模式的追随。叙述则是一种有魅力的话语方式，通过迷人地邀请（倾听者）采纳叙述者的视角而进行说服，它激起人的想象与情感。它的运作更类似于爱情而不是战争，所以，缘于更适合于妇女的劝说的思考模式。

这些现象也产生了很多认识论问题：通过使用"男性"方法来追求"男性"威望是否歪曲了获取知识的实践（Addelson 1983；Moulton 1983）？是否有一些种类的合理研究因为它们与"女性的"认知类型有关联而被不公平地忽略了（Keller

1983,1985b)？"女性的"认知类型是否产生出用"男性的"方式很难达到或更难获得的知识（Duran 1991；Rose 1987；Smith 1974）？

性别化的信念背景和世界观。上面我们已经看到了男女由于其社会性别而获得不同的现象知识、自我认知、技能，以及对他人的个人知识。他们也由于其性别化的利益、态度、情感/情绪和价值观，或许还由于（尽管这一点在女性主义理论中还是一个存有争论的问题）不同的认知类型，而用不同的方式表现/表述这个世界。这些差异共同造成了不同的信念网背景，由此，男女原则上有公平机会得到的信息也许就被处理过了。对不同的性别角色和性别化态度各具功效的代表性方案会使得不同种类的信息在不同性别的人群面前得以凸现。在传统的家庭分工当中，妇女就倾向于注意到男人不会注意到的污垢。这并不是因为妇女具有特别敏感的感知器官；而是因为她们有一个被指派的角色，就是必须做家中的清扫工作。同理，对一个男性外科医生来说，保持对手术室污染物的高度警觉是毫无困难的。除了使得不同种类的信息凸现于男人或女人之外，他们不同的背景知识也会引导他们去对一般所获取的信息做出不同的解释。一个男人也许从一个妇女佯装端庄的微笑中读出的是一种忸怩作态的引诱；而另一个女人则可能从中读出的是她为避免引起他不必要的注意而做的礼貌的和防御性的反应。这类差异很可能是由于男女对不同的现象知识的把握而造成的。男性与女性观察者在想象中把他们自己投射到她的位置,从他们所认为的、成为她身体语言基础的感觉中推理她的感觉。因为男人与女人的身体表现现象(phenomenologies of embodiment)是不同的——绝大多数男人不习惯将微笑当作避免引起女性不必要的注意而做的防御行为——男人会自恋地将微笑想象成轻松和自然的,然而女人会怀疑它是被迫的。

在此,这些现象产生了一些认识论问题。鉴于男人们还是在一种"男性"视角下界定他们的思想,当他们在强奸或性骚扰妇女时,存在着对男人认知能力的认知障碍(即,意识的不够、不充足,或者误解)吗?或者,法制对此的意识存在着认知障碍吗(MacKinnon 1989)?更一般地看,科学家们未经检验的性别歧视或男性中心主义的信仰背景是否导致了他们产生出蕴含对妇女性别歧视的理论呢,尽管他们坚持科学方法表面上的客观性(Harding 1986;Harding & O'Barr 1987;Hubbard 1990)?此外,科学的社会实践要如何被组织,才能让研究者信仰背景的多样化成为对科学成就的一种有利资源而不成为一种负面性障碍呢(Longino 1990;Solomon 2001)?

与其他研究者的关系。如果男女共同参与研究的话,那么,知识和信仰背景中的性别差异就有可能减少。当性别一方可以从直接经验中得到结论时,另一方则可以通过采集证据来获得。双方都可以学习如何更有效地练习富有想象的投射,以及采取另一性别的视角来观察和思考。总而言之,性别的规范影响着男女交流所依据的规范。在很多环境中,妇女是不被允许讲话甚至露面的;或者,她们的问题、评论和挑战会被忽略、打断和系统性地歪曲;又或者,她们不被认可为专家。因此,性别之间的规范和认知权威极大地影响着知识实践把男女双方的知识和经验都纳入发现和论证过程中来的能力。所以,女性主义认识论理论家一直对探索性别规范是如何歪曲证据传播的,以及研究者中认知权威的关系这样一些问题很感兴趣(Addelson 1983;Code 1991;Fricker 2007)。此外,为了使更成功的研究实践得以可能,她们也致力于探索研究者的社会关系如何可能被改革,特别是认知权威的分配问题(Jones 2002;Longino 1990;Nelson 1990,1993)。

第五节 小结

被主流认识论视为知识范例的是单纯关于事态的命题知识,其原则上可被任何一个有着基本认知和感官能力的人所认可,比如,"2+2=4","草是绿的","水能解渴",等等。女性主义认识论并不声称此类知识是性别化的。但是,对此类例子的检查并不见得有助于回答特别地产生于女性主义理论与实践中的认识论问题。知道"我是个女人"意味着什么?性别的具体体现是什么样的?为什么男女如此经常地对于发生在他们身上的性别遭遇有着戏剧性的不同理解？我们可以如何安排科学实践，以便让科学与技术同样也能服务于妇女利益？这些问题使得另一些类型的问题对女性主义认识论凸显了出来：现象学的知识，个人化的知识（de se knowledge），关于人们的知识（knowledge of persons），技术性知识（know-how），道德知识，由情绪提供的知识、态度以及利益。这些种类的知识常常是性别化的，而且它们能影响那种人们倾向于形成和接受的命题性论断。这里隐藏着对主流认识论的知识概念的批判，因为后者所基于的是从非性别化知识的例子中得出的概括。

女性主义认识论理论家强调知识的情境性（situatedness）或视角相对性，但她们并不因此信奉认识论的相对主义。认为某些知识论断或理解形式是立足于某种视角而做出的，这并不是宣称该视角所代表的信念就一定是有偏颇、不正确和不值得采纳的。并不是宣称视角只能从我们自己的意义上被判断；不是说没有其他视角比某种视角更佳；也不是说一个人对现象不可能采取一种更客观的观点——相比被采用的一个或另一个视角的观点而言。它也不是宣称所有的知识都必定只反映了某种特别的、不可通用的、一小部分认知者与知识对象之间的关系。事实上，情境化的知识真正关注的是让问题得到揭示和处理，因为这些问题甚至难以进入主流认识论的框架：后者更为普遍地认为认知者的性别和社会情境与知识是不相关的。现在,女性主义者将这些问题提出来,诸如:知识论断如何由与彼此有关的性别化视角产生呢?男人可能持女性中心主义的视角,而女人可能持男性中心主义的吗?或者,存在着这类视角相交的认识论障碍吗?某些特定视角在认知上是享有特权的吗?有什么途径可以在相异的性别化视角之外建构一种更为客观的视角呢?如果有可能,则一种客观的视角与性别化的视角的关系是什么?达到这样一种视角的关键又是什么?达到这样一种客观视角会令性别化视角的消除成为可能吗?……总之,女性主义认识论并未预先排除客观知识的可能性或愿望;相反,它的确提出了很多新的关于客观性的问题。

第三章
女性主义科学哲学经典流派[29]

基于前述问题和独特的思考方式,女性主义认识论理论家与科学哲学家最终在三个宽广的认识论传统中发展出她们自己通往知识情境性的道路,即立场论的、后现代主义的以及经验论的。概言之,立场论认同一种特殊的社会视角具有认知上的优先地位。后现代主义拒绝认知优先权的主张,反而强调认知者的社会身份以及由此而来的表现的偶然性和不稳定性。经验论则在自然化认识论的框架中寻求标准,力图以此而能区分在什么情况下情境性产生错误,在什么情况下它又构成可资利用并促进知识生产的资源。女性主义经验论由此提出了一种客观性概念,它需要由包含不同处境的研究者共同体之间的批评与合作来构成和保障。

---

[29] 本章内容主要参考了以下文献的第二、三、四部分:Anderson, Elizabeth, "Feminist Epistemology and Philosophy of Science", *The Stanford Encyclopedia of Philosophy* (Fall 2012 Edition), Edward N. Zalta (ed.), URL = 〈http://plato.stanford.edu/archives/fall2012/entries/feminism-epistemology/〉。

第一节 女性主义立场论

一、"立场"和立场认识论

立场这个概念,由于最近几十年来女性主义立场论(Feminist Standpoint Theory)的明确提出和广泛发展而得到了特别的彰显。那么,什么是立场？或者更准确地问:作为通向一种理论形态乃至一个理论流派的立场概念,其特殊所指为何？哈丁(Harding 1998)对此有一个明确的说明:

> 立场这个概念产生于妇女们进行的政治斗争,该斗争的目标是使她们所关切的事项能够反映在公共政策和影响这些政策的自然科学与社会科学学科中。[30]

由此来反观一般的立场认识论,也就是指要求从一种特定的社会处境的视角/立场出发来代表对世界的认知,因为从这一特定视角获得的论断被认为具有认知上的特权或权威。但是,这也意味着,一种彻底的立场论必须首先对以下几点问题加以详细说明:

---

[30] 桑德拉·哈丁著,夏侯炳等译:《科学的文化多元性——后殖民主义、女性主义和认识论》,江西教育出版社2002年版,第200—201页。

(1) 特权视角的**社会定位**(*social location*)。

(2) 它所具有的**特权的范围**:对于什么问题或题材,它可以声称具有权威。

(3) 该社会定位的哪些因素/方面导致其产生出优等(如更具客观性)的知识:比如,社会角色,或个人身份等。

(4) 它拥有特权的**根据**:如果那个因素/方面能确保一个论断具有特权,那么它的理由是什么?

(5) 它所声称的认知优越性的**类型**:比如,具有更大的精确性或客观性,或更有能力代表基本真理等。

(6) 它所声称的认知优越性所针对的**其他视角**。

(7) 最后,通往该视角的模式:若要获得该视角,占据该种社会定位是不是必要的(即社会定位是必要条件);或者,是不是只要占据该种社会定位就已经足够了呢(即社会定位是充分条件)?

其实,在生活中有很多具有认知特权的论断——它们既代表了某个特殊的视角,又是关于某些特定问题的,它们常见而普通,几乎毫无争议。比如,汽车修理工,一般来说总是处于比汽车消费者更了解他们的汽车出了什么问题的那个权威者位置。原因很明显:为了成为汽车修理工这个社会角色而积累的实践经验为他(在汽车修理方面)的认知权威奠定了根基。人们由此而断定他的判断比汽车消费者的判断具有更高的可靠性。在其他各个对专业知识要求较高的领域内,都存在着类似的情况。

然而,当立场论声称代表了处于普遍弱势地位的社会群体的视角相较于统治他们的群体的视角而言,在社会性和政治性的议题上更具有认知特权时,事情就没那么简单了。也正是在这样的时候,立场论才会变得有争议起来。涉及这类议题的立场论所声称的特权范围包括了社会不平等的特征、原因以及后果——也正是由这些方面,人们定义了这里所讨论的社会群体。这类立场论经典地提出了劣势群体立场超过优势群体立场的三类认知特权:

第一,它要求提供深入表层的社会知识。劣势群体的立场能够揭示是什么样的根本规律造成和推动着社会不平等的种种现象;而特权阶层的立场为了捍卫自己的既得利益,只可能抓住浮表性的规律。

第二,基于此,它要求提供关于表面规律之形态的更好知识,因而也是关于人类潜能的更好知识。在特权阶层立场竭力将当前的社会不平等描绘成自然事实和必然真理的地方,劣势阶层立场却能正确地将其描述为有其社会的、历史的原因,进而积极展示它们如何可能被克服。

第三,它要求提供对一种能惠及普遍的人类利益的社会世界的描述。反之,特权阶层立场只表述了与特权阶层利益有关的社会现象,但在意识形态上却歪曲地将这些利益宣传为普遍的人类利益。

概言之,诚如哈丁(Harding 1998)所总结的:"立场论主张:所有寻求知识的努力均定位于社会环境中,其中某些客观的社会位置比其他位置能更好地作为知识研究项目的出发点。这种观点向科学世界观和西方思想的一些最基本的假定提出了挑战,因为后者将科学视为其知识生产的标准模式。它为一种'发现的逻辑'建立了指导方针,目的在于将科研结果的客观性最大化,并从而生产出知识;这种知识可能有益于处在社会边缘者和那些势必懂得他们可以知道什么的人群,而不仅仅有利于统治和管理边缘者生活的优势群体利用。"[31]

二、一种经典的立场论:马克思主义的立场论

后来的研究者认为,马克思主义最先提供了一种基于阶级区分模式的立场论。因为,马克思主义断言并论证了代表无产阶级的立场在经济学、社会学和历史的根本问题上都具有一种认知特权。当然,工人并不是一开始就有这一立场的。他们是通过在资本主义制度及其历史中获得对他们自己角色的集体意识而达到这一立场的。工人所处社会境况的几个因素使得他们能够获得一种在认知上更具权威的、观察社会的视角。这些因素便是——

---

[31] 桑德拉·哈丁著,夏侯炳等译:《科学的文化多元性——后殖民主义、女性主义和认识论》,江西教育出版社2002年版,第207页。

首先,工人是被压迫的;其次,他们处于资本主义生产模式的中心,即,他是实际的劳动者,处于与生产资料的直接关系中;最后,他们是一种潜在的全球性阶级(universal class)。

基于对这样一种社会身份的集体自我意识,工人的认知不可避免地内含如下要求和特点——

所受的压迫令他们对这一问题(何以会形成这种悬殊的社会不平等)的真相产生一种客观的兴趣,即追问资本主义制度究竟服务于谁的利益。

生产中心的位置为他们铺就经验上的途径,通向与资本主义生产的根本关系。

无产阶级的普遍性——因为从根本上说,在资本主义制度下,所有其他的阶层都是在与无产阶级的关系中存在的——使得工人们在逐渐了解他们自己及其阶级地位的过程中,开始将他们所身处的社会作为一个整体去了解。

由此可见,与世界进行实际的生产性互动是工人认识世界的根本模式,通过这种模式——可以理解为一种唯物主义的认识论立场,工人开始了解这个世界。它引导工人根据使用价值来再现他们的世界;而资本家则是根据交换价值来再现世界的。工人们的再现(representation)显然更为根本,因为经济学和历史的基本法则是根据对挪用剩余价值(使用价值)的斗争,而不是根据表面上的货币价值(交换价值)来表达的。这个实际的、有用的认知模式,其必然性特征对于所有那些必须设法根据最终的使用价值来解释剩余价值的社会来说,无疑具有一种客观有效性。

其次,无产阶级将在共产主义运动中变成全球性阶级——那时候,每个人都有着同样的阶级成分,与生产资料处于同样的关系中,同时既是劳动者又是对盈余的集体性统治者。工人立场的这种普遍性使得由工人所代表的社会世界是一个关乎全人类利益的世界,而不是一个只关心阶级特殊利益(而对于资本家立场来说,这恰恰是他们所关心的)的世界。这也使得工人的社会表述比资本家的社会表述更具客观性。

最后,工人的集体性自我意识具有预见和自我实现的特征,因为它不是满足于为认知而认知的理论,而是最终指向革命性实践的理论武器。工人对他们自己的普遍困境以及通过集体的革命行动来克服困境的必要性的集体洞察,产生出一种自我理解,这种自我理解一旦起作用,就可能实现。按照这种自我理解来行动,工人变成全球性阶级,成为历史的基本代表。因此,无产阶级立场的认知特权同时也是追求独立自主的个体对他们所做之事所具有的认知的特权。

三、女性主义立场论的根据

女性主义立场论的形成很大程度上受到了马克思主义阶级立场理论的启发和影响,据哈丁(Harding 1998)对立场认识论思想史的梳理,这一思想传统甚至可被追溯到黑格尔对

桑德拉·哈丁(Sandra Harding, 1935 —)

"主奴关系"的反思(从奴隶主的角度来看,奴隶不是完整的人;而从奴隶的角度来看,奴隶又是完整的人)。哈丁认为,马克思、恩格斯以及卢卡奇(Georg Lukacs)就是从这一见解中发展出了"无产阶级的立场"和关于阶级社会将如何运行的理论。正是基于此,到了20世纪70年代的时候,有女性主义思想家开始独立思考一个问题:"怎样将马克思的分析改造得能够说明结构性和象征意义的性别关系对于知识生产的重要性?"[32]由此可见,女性主义也主张某种特定立场的认知特权,但它所根据的是性别关系的特征,以及与性别有牵连的社会和心理现象——总之,它代表的是妇女的立场。这个女性的认知特权所针对的是那些反映了性别歧视或为父权制假设做辩护的理论;而各种女性主义的立场论则又都把主张女性具有认知特权的依据奠定在妇女所处的社会情况的不同特征之上。

首先,中心性——妇女是何种系统的中心?

据马克思主义的女性主义者——诸如哈索克(Hartsock 1987)与罗斯(Rose 1987)——看来,妇女被认定为是繁殖系统的中心。这是一个负责与孩子打交道,以及照料身体的系统;女性处于这一系统的中心,就像工人是商品生产体系的中

---

[32] 桑德拉·哈丁著,夏侯炳等译:《科学的文化多元性——后殖民主义、女性主义和认识论》,江西教育出版社2002年版,第201—202页。

心一样。因为妇女要负责留心家庭中每一个成员的需要,所以,她们无疑比男人占有更有利的位置去发现父权制在满足人们的需求时是如何失败的。男人,由于他们的统治地位,而有权忽略他们的行为是如何破坏着下级的利益的。所以,妇女的认知特权建立在这样一个事实之上,即,妇女作为一个阶层,有着更好的途径获得关于在父权制下谁的需求得到了更好的满足这类信息。

其次,集体性自我意识——女性群体的集体自我意识。

在麦金农(MacKinnon 1999)看来,男性统治建立在将性别客体化的基础上,这个过程包括把认知神秘化。在性别客体化过程中,优势群体把自己的欲望投射到从属群体上,由于他们的权力而使从属群体遵照他们(优势群体)想要的那种方式去做。由优势群体的欲望所造成的群体差异,却被描绘成是上天给予的、自然的和必然的。社会性别就是这样一种客体化模式,它由(男性对女性的)性欲和(男性对女性的)统治的色情性(eroticization of domination)所构成。男人就是这样把女人建构成女人的:他们将她们的天性描述为在性别上本质地从属于男性,并且依此来对待她们。妇女可以通过以下方法来揭露这些意识形态的歪曲:即获得一种关于她们自身的共识,并依此共识来行动。也就是说,女人们要能够意识到,她们作为"这样一种女人"并非天生如此;相反,"这样一种女人"是一个被性别客体化过程不公正地建构起来的社会群体。妇女根据这一共识就可能共同行动,抵制由"他们"制造的性别描述,通过反对性骚扰、色情文学和对生殖自由的限制等进行抵抗运动。通过这些女性主义行为,妇女表达了拒绝充当性对象的自由意志;同时向社会展现了一个真相,即,将妇女描述为性对象并不是自然的或必然的。在这里,女性的特权知识表现为她们的集体自我认识,它们被付诸行动,在实践中获得实现。

再次,认知类型——女性被"分配"到何种认知类型?

立场论的一些早期版本(包括弗拉克斯[Flax 1983]、哈索克[Hartsock 1987]、罗斯[Rose 1987]以及史密斯[Smith 1974]等)接受女性主义的客体关系理论(object relations theory),这一理论在解释老一套的所谓男女特性的发展时,依据的是男女儿童会面临的身份形成的不同问题,而前提是这些男女儿童都是由女性看护者抚养的。客体关系理论主张,男性儿童是通过将其自己与母亲相分离来建构起独特的男性身份的,这个任务在心理学上涉及对女性的焦虑抵制,以及持久地保持与女性的距离和边界,而这需要通过控制和诋毁女性才能做到。反之,女性儿童则是在与她们的母亲的认同中获得对自己性别身份的认识,所以,她们更乐于享受自我与他人边界的模糊化。性别认同的迥异发展导致男性和女性获得不同的认知类型。男性认知类型是抽象的、理论性的、非具身的(disembodied)、与感情分离的、分析的、演绎的、量化的、原子式的,并且倾向于控制或支配的价值观。女性的认知类型则是具体的、实践的、具身的

(embodied)、情感介入的、综合的、直觉的、质性的、关系型的,并且导向关怀的价值观。这些认知类型又通过分配给男人们和女人们不同类型的工作而进一步得到加强——男人总是几乎垄断了在理论科学和战争发动中的位置,以及制造着分裂与控制的政治和经济权力;女人呢,被分配到的就是实践性的、需要付出感情关怀的、照顾他人的工作。

根据哈索克(Hartsock 1987)的说法,女性的认知类型在认识论方面更为优越,首先,因为它克服了认知的主客体之间的二元分裂;其次,也因为关怀的伦理要比控制的伦理更优越。由关怀每个人需求的动机所产生的认知方式,较之由控制的兴趣所产生的认知方式,当然将生产出更有价值的表述。她们将生产出跟全人类的利益都有关的关于这个世界的表述;而不是仅仅根据统治阶级的利益来生产知识,却又在意识形态上佯装代表了全人类的利益。但无情的现实是,若要使女性的认知方式制度化,则尚有很长一段路要走,因为它要求克服资本主义父权制的那些特征,也就是对脑力、体力和照顾类劳动的分割。

最后,被压迫——女性所处的基本处境。

和无产阶级一样,妇女是受到压迫的人群,所以,她们对于用揭露真相的方式(而不是掩盖真相的方式)来描绘社会现象有着更为实际的动力和兴趣。同时,她们对于这种压迫有着直接的体验;不像男人,他们的特权使得他们容易忽略他们自己的行为是如何影响到作为一个阶级而存在的妇女的。一种认识论,如果它把认知的优先性建立在压迫问题的基础之上,那么,它的逻辑就会是:受压迫者越是受到多方面的压迫,则其在认知上也具有越多方面的优先性。在女性主义理论中,这一逻辑已经导致了黑人女性主义认识论的发展。比如,柯林斯(Collins 1990)就将黑人女性主义认识论的基础建立在黑人妇女对于种族歧视和性别歧视的个人体验之上,以及与黑人妇女相联的认知类型之上。她用这种认识论为黑人妇女提供了不同的自我呈现与表达,使之能够起来抵制流行于世的、关于黑人妇女的那种有损人格的、既有种族歧视又有性别歧视的图像,从而为自己的身份感到骄傲。对于传统的女性主义视野而言,黑人妇女如今也被认为具有一种"内部的局外人"㉝("outsiders within")的身份:既有足够多作为局内人(女性)的个人体验,从而了解她们的社会秩序;又有足够的临界距离(非白人),使得她能做出更多批判。此外,在继杜布瓦(William Edward Burghardt DuBois)㉞之后,受压迫者的认知优

㉝ P·H·柯林斯最早提出这一用语;见 Collins, Patricia Hill, *Black Feminist Thought*, Boston: Unwin Hyman, 1990。

㉞ 威廉·爱得华·伯格哈特·杜布瓦(1868—1963),美国作家、历史学家,泛非运动的创始人,也是美国有色人种协会的创建者之一。著有《约翰·布朗传》(*John Brown: A Biography*, 1909)、《黑人的重建》(*Black Reconstruction in America*, 1935)、《黑人的过去和现在》(*Black Folk, Then and Now*, 1939)、《世界与非洲》(*The World and Africa*, 1946)等书。美共领袖威廉·福斯特曾称他是"黑人的一个最伟大的代言人",是"黑人的新的杰出领袖"。

先权有时候也根据"双重意识"("bifurcated consciousness")而被论证：即，她有能力既从统治者的视角出发，又从被压迫者的视角出发来看事物(Harding 1991; Smith 1974; Collins 1990)。

从以上立论根据的形式和内容来看，很容易发现女性主义立场论很大程度上是沿着马克思主义认识论的一个或多个线索演化出来的。所以，弗雷德里克·詹姆森(Fredric Jameson 1988)认为，女性主义立场理论家是明确地借助马克思主义认识论遗产进行研究的当代思想家[35]。

四、女性主义立场论的目标

女性主义立场论在很大程度上是一种批判理论。而我们在此所说的"批判理论"，正是在法兰克福学派的社会批判理论家(从阿多诺到哈贝马斯)讲"批判理论"这个术语时所运用的那个意义。批判理论的目标就是要使被压迫者能够改善他们的境遇。所以，她们在关于社会世界的理论中吸收了实际的约束条件。为了服务于她们的批判目的，社会理论必须满足如下要求：

（1）从被压迫者(也就是那些在此研究中作为主体的人们)的利益来描述这个社会世界；

---

[35] 参见桑德拉·哈丁著，夏侯炳等译：《科学的文化多元性——后殖民主义、女性主义和认识论》，江西教育出版社2002年版，第304页。

（2）提供一份关于这个世界的报告，而这份报告一定是要容易被此研究的主体所接受，要能令她们明白她们的问题是什么；

（3）提供一份关于这个世界的报告，而这份报告一定要对主体们学习改善她们的境况有用。

就此意义而言，批判理论就是关于、根据以及为了（of, by, and for）研究主体的理论。

批判理论的这些实用性特点提出了这样一种可能性：具体理论的优越性也许应该建筑在实用价值的基础上，而不是建筑在认识论价值的基础上（Harding 1991；Hartsock 1996）。也就是说，哪怕一种具体的女性主义理论无法完全满足"它有通向真理的特许途径"这一（认识论层面的）要求，但它依然可以提供正确的（true）描述；而这些描述之所以可能较之其他更为真实的（truthful）描述更正确，就是因为它们对妇女更有用（useful）。

五、获得女性主义立场的途径

每一种立场论都必须提供一个说法，来说明一个人是如何获取那种情境性知识的。这取决于你（在那个其视角具有优先权的群体中）的"成员资格"的界定是客观的（就是说你的成员资格是根据你在此社会结构中的位置来界定的），还是主观的（就是说你的成员资格是根据你主观上认同自己是该群体的成员来界定的)。

如果这个成员资格是客观的,那么,它对于获取具有优先权的视角而言就是既非必要亦非充分的。不充分,是因为你可能并未意识到成为该群体一员的这个事实或客观意义。只有通过和群体中的其他成员达成一种关于其窘境的共识,成员们才算真正意识到了其客观的群体身份。不必要,则是因为当一个群体被客观地界定,那么,那些如此这般构成该群体的事实以及它的利益就是公然可理解的,所以,任何人都可以理论化那些与该群体利益相关的现象而不必身为其中一员。所以说,马克思虽然不是一个工人,但他的理论是从无产阶级立场出发的。然而,从根本意义上讲,所谓认知优先权的基础在于自主性个体的自我认识,它所揭示和强调的是:唯有那些亲自参与到了那个群体中来的人才可能拥有第一人称的个体知识。这意味着此时,认知优先权的位置就要从被客观界定的群体转移到将自己定义为该群体政治代言人的那个群体了。所以,这时候,优先的立场就不再是妇女的立场,而是女性主义的立场。在此意义上,男人当然也可以参与到女性主义运动中来;但是,只要女性主义的基本目标是克服男性统治,那么,他们(男人)就无法在定义(因而了解)女性主义运动的目标中承担主要角色。

如果这个成员关系是从主观上来界定的,那么,这个关系对于获得这个群体特有的视角来说就既是充分也是必要的。

如果主观上认同妇女身份对于拥有一种女性的认知类型而言是既必要又充分的——就像客体关系理论所假定的那样——,那么,所有且仅有自我认同的妇女才有着进入认知优先立场的途径。同样地,柯林斯(Collins 1990)关于黑人女性主义认识论的版本也倚赖于身份认同的策略(identity politics)。然而,大多数立场论版本还是将认知优先立场表述为一种(后天)获得的(achieved)视角,而非(先天)给定的(given)视角,因而要求对社会的权力结构和这个群体与它的关系有一个批判性的反思。

六、来自女性主义内部的批判

撇开外部的批判不谈,女性主义立场论也受到来自女性主义科学哲学内部的批判。比较经典的有来自女性主义经验论者的挑战。如海伦·朗基诺(Longino 1993b)认为,立场论(无论是马克思主义立场论还是女性主义立场论)在决定哪个立场才具有认知特权这个问题上,无法提供一个非循环(论证)的基础,换言之,她认为立场论必将陷入一种循环论证。因为拥有一个共同立场的既非所有工薪劳动者,也非所有"妇女",这就有必要在那些确实拥有共同立场的社群中确立起亚社群(subclass)(以论证立场理论)。可是,确立亚社群反过来又要求有立场理论的支撑。如此一来就形成一个循环过程。

巴尔温(Bar On 1993)则反对经由女性的认知类型而将

妇女的认知优先权建立在她们所受压迫的基础之上。因为，如果女性的关怀伦理提供了关于道德问题在认知上的优先视角，那么，我们就等于是默认了要把通往道德知识的路径建立在继续目前的性别关系的基础上，而目前的性别关系产生出的就是现在这个道德规范。所以，把认知优先权建立在女性认知类型的基础上，就意味着迫使其要在以下两者之间做出选择：要么拥有伦理性的知识，要么生活在一个无性别歧视的社会中。巴尔温同时还宣称，那种"中心-边缘"的模式（它承诺了工人具有认知优先权）并不适用于妇女。马克思坚持阶级斗争是驱动所有其他形式的群体斗争（包括性别歧视、种族歧视、帝国主义、民族斗争、宗教斗争）的核心现象。所以，理解了阶级，就可能产生出对其他维度的不平等的理解。于是，再也不能貌似合理地坚持说**任何哪个**群体不平等对于其他所有的群体不平等来说是核心的了；它们以错综复杂的方式相交着。这导致妇女甚至都无法拥有优先权去理解她们自己所受到的压迫，因为对不同的妇女来说，压迫所表现的形式也是不同的，它要取决于她们的人种、性取向，等等。这种批评已经在女性主义的后现代主义那里得到了强有力的发展：她们质疑妇女有一个统一立场的可能性；并且看到，在要求一种普遍的妇女视角的背后，实则只是一种相对具有优势的白人妇女的视角而已（Lugones & Spelman 1983）。

第二节 女性主义后现代主义

一、一般的后现代主义议题

后现代主义,作为北美知识界的一个运动,是从各种法国的后结构主义者和后现代理论家那里得到了启示,包括福柯(Michel Foucault)、拉康(Jacques Lacan)、德里达(Jacques Derrida)、利奥塔(Jean-Francois Lyotard)和伊利格瑞(Luce Irigaray)。它具体表达的是对一些传统倾向提出质疑的怀疑性情感,那些传统倾向试图通过诉诸诸如普遍性、必然性、客观性、合理性、本质(essence)、统一(unity)、总体性、基础(foundations),以及终极真理和终极实在(reality)之类的理念来超越我们的情境性(situatedness)。它强调地方性(locality)、偏见(partiality)、偶然性、不稳定性、不确定性、含糊性,以及对这个世界、对自我、对美德的任何一种特殊表述在本质上的可竞争性。在政治上,后现代主义者着重揭示了任何特殊要求或思想体系的情境性和可竞争性都可望服务于批判和解放的功能。它通过破坏对超验理由的要求,取消了那些向来占有统治地位的理念的合法性。它打开了人们的想象空间,让人们可以想象被那些断言所遮蔽了的可供选择的可能性。

虽然后现代主义的主题常常以一种暧昧不清的行话被表

达出来,不过它们可以被明确转译为对分析哲学家来说更熟悉的那种语言方式。后现代主义者从关于语言和思想体系的理念出发,声称(如我们所想的那样)现实是"被东拉西扯地构造起来的"。这是现在不可避免(!)的康德主义思想——即,我们的思想在把握事物时,并不是"如其所是"地把握,而仅仅是通过由文字来表明的概念——的语言学版本。"语言符号"在一个"散漫的领域"中,"并非指涉性地,而是反射/反身性地运作"。此版本就是激进的意义整体论(meaning holism):符号并不是从它们对外部事物的指涉中获取其意义,而是从它们与话语系统中所有其他符号的关系中获取意义。意义整体论意味着,新符号的引入(或旧符号的删除)会改变已在使用中的符号的意义。因此,符号并不具有一个固定不变的、超越时间的意义。这是历史相对论的一个赫拉克利特式版本:我们不能两次踏入同一条思想之流。这些观点都支持"拒绝累加的元话语"("rejection of totalizing metanarratives")。不可能有完整的、统一的、关于这个世界的理论——仿佛它已经捕获了关于这个世界的全部真理似的。任何此类理论都将包含一组确定的术语,这意味着它不可能表达尽所有概念上的可能性。所以,选择任何特定的理论或叙事都是一种"权力"的运用——从思想中剔除某些可能性,而授权给另外一些。

后现代主义把这些关于语言的观念扩展到了更广阔的社会实践中。保证这一扩展的关键理念是:行为和实践都是语言符号。和文字一样,它们通过语言手段(诸如隐喻[metaphor]和转喻[metonymy])来表示超越其自身的事物。比如,法官席的高度就隐喻地表示了他在法庭上的权威超过其他所有人。这就许可了对社会实践和行为做一种类似于语言的分析——视其为展示了跟语言一样的结构和动力学。就像文字获得其意义是取道于其与其他文字的关系,而非与某种外部实在的关系;行为亦如是——它从与其他行为的关系中获取其意义,而不是从与某种所谓人类本质或自然法则的前语言领域的关系中获取意义。所以,法官的最高权威存在于服从他人的约定之中——而这一点在他们对他的行为中明明白白表现出来。这并不是由一种被假定为人类自然天性的"服从权威"来保证的,也不是由一种潜在的、标准的客观权威来保证。后者这种思想表达了本质主义者(essentialist)和客观主义者(objectivist)的权力战术和企图——通过将那些约定性的行为固定为貌似超语言的实在,而阻断对这些行为进行挑战的可能性。这种企图不仅令人反感,而且无效。因为行为的意义其实经常性地会被其他行为所颠覆,之前行为的语境一旦改变,其意义也就随之改变。这也就是为什么后现代主义者赞美对习俗行为进行反讽的(ironic)乃至恶搞(嘲讽性的模仿)的(parodic)和做作的表演的原因——因为她们将其理解为政治解放(Butler 1993)。如果说,马克思是哀叹历史的重演——第一次是悲剧,第二次则是闹剧——,那么,后现代主义者则是乐在其中。

后现代主义者视自我(the self)同样为符号所建构,唯在与其他符号的关系中方显示出其意义。所以,并不存在一个本质性的自我决定着人的一切行为。这是休谟所讲述的自我的故事——支离破碎的意识流——的语言学版本,只是这里还带有社会因素的不可避免的缠绕、影响。符号,并不像休谟简单想象的那样构成语言,而是为社会所建构。所以,虽然主观性是通过符号的生产被组成的,但自我却并不能自由制造它所要的一切,而是发现它自己被缠绕在一个意义之网中——这个意义之网却不是出自它自己的创造。我们的身份是社会强加给我们的,并不是我们自主创造的。然而,这不能排除自主性存在的可能性,因为我们占有多重社会身份(比如,一个妇女可能是一名工人、一位母亲、女同性恋者、墨西哥人,等等)。这些相互冲突的身份之间所存在的张力,为打乱建构了我们的散乱系统打开了空间,也就是可能性。

因为,在其语言哲学中,文字指的是概念,而不是世界中的事物(things in the world),后现代主义在语言学术语中再现了一些(经戴着面纱的理念)出现于现代哲学史的、相同的认识论难题。这产生了一种向传统中的理念论(idealism)回归的趋势。然而,考虑到整体论所造成的意义的不断变化,这些趋势不可能确保经验论者认为可能通过诉诸理念论而获得的确定性或稳定性。更谨慎些的后现代主义实践者抵制大规模的理念论。声称身体、物质或自然科学所研究的对象是"被东拉西扯建构起来的"或"被社会所建构的",并不是断言说如果人们停止谈论它,那个外部世界就会消失。而是说,他们断言了一种唯名论:世界没有向我们口授一套我们用来描绘它的范畴,有数不清的方式可供我们用来对这个世界进行分类,而且它们彼此之间互不兼容;所以,选择任何一种理论都无法用求助于"客观"真理或实在的方法来辩护。即便是我们用来区分我们的身与心、物体与理念、现实与话语的方法,也都存有争议。

二、女性主义后现代主义

在女性主义中,后现代主义者的观点被发展来反对那些意在为性别歧视辩护的理论——尤其是那种声称人们所观察到的男女差异是本质性的和必然的,或声称妇女的本质就解释了她们的从属地位的意识形态。那个再三被引用的声明——性别是社会建构或随意建构的,它是社会实践和意义体系的结果,而社会实践和意义体系都是可被打破的——在后现代主义那里找到了它的一个归宿(Butler 1990)。但是,后现代主义在女性主义理论的内部批判中显得更突出。女性主义在过去20多年中思考的最重要趋势之一是揭露和回应女性主义自己内部的排他倾向。比如,有色人种中的妇女和同性恋妇女就认为主流的女性主义理论忽略了她们独特的问

唐娜·哈拉维(Donna Haraway, 1944 —　)

题和视角(Collins 1990；Hull, Scott & Smith 1982；Lorde 1984)。基于此,女性主义后现代主义(feminist postmodernism)既可以说代表了与这些批判之间的密切关系,同时也是对这些批判做出的回应。最鲜明的表现就是：它首先就对"女人"这一概念——女性主义理论中核心的分析性范畴——进行了坚决的批判。其次,它提议用"视角转换法"("perspective-shifting")作为一个谈判策略,来促进由不同处境中的妇女所生产的理论的增值。

对"女人"概念的批判。女性主义后现代主义者批判了很多主要的女性主义性别理论和男权主义的本质论(Butler 1990；Flax 1983；Spelman 1988)。这里的本质论(essentialism)是指任何一种要求为性别身份(gender identity)或父权制(patriarchy)确定一种普遍的、超历史的、必然的原因或构成的理论。反对本质主义,从根本上说来是有政治意义的：通过声称性别身份是一件事或者有一个原因,这类理论就把被散漫构建的事实转变成一种规范、标准,把差异转变成异常。继而,他们要么试图排除那些不符合理论所规定的真正的"女人"标准的妇女；要么就把她们描绘成次级的、差一等的。同性恋妇女和有色人种妇女对女性主义理论的批判加强了对"女人"这个范畴所预设的统一性的质疑。她们强调,在性别身份、人种、阶级以及性取向等维度之间也还存在着复杂的交叉。所以,造成"女人"这一范畴之分裂的主要断层面就已经是另一种身份构成,沿此标准,社会的不公平才被建构起来。

批判将"女人"作为一个统一的理论化**客体**,也就意味着"女人"同样也不能成为一个统一的认知**主体**(Lugones & Spelman 1983)。那些受到攻击、关于普遍性别身份的理论,其作者们都是白种、中产阶级、异性恋女人。批判者认为,这些作者们未能承认她们自己的特殊处境,进而她们再生产权力关系的方式——在此语境中,这种权力关系就是由白种、中产阶级、异性恋女人来定义"妇女立场",代表所有其他妇女来说话,来定义她们是谁的专横权威。女性主义立场论者,也就是那些声称代表了她们(所有妇女)的立场、要求一种认知特权的人,由此,也被撕下了面具——她们主张的其实是一个特定人种与阶级的妇女对其他妇女的特权罢了。

女性主义后现代主义者从这个批判中吸取了两个教训。第一,无论是男权主义还是关于女人、性别的普遍性断言,都应该加以避免。第二,女性主义立场论想要识别出一种简单的、在认知上具有特权的视角的计划在根本上是有缺陷的,是以一种根本达不到的客观性为名义的、实际上并不正当的权力的断言。这个教训也可同样适用于次一级的女性主义立场论。举例来说,黑人女性主义立场论的断言就令人反感地代言了黑人妇女。但照这样看来,就会出现另外的问题:一旦后现代主义对本质主义的批判得以确立,在视角的扩散这件事情上似乎就没有一个逻辑终点了(因为极端地来说,谁都只能代表自己,而不能完全地代表他人)。

视角转换的策略。女性主义后现代主义因此而想象,我们的认知状况的特征会是永远的多元视角,没有哪一个可以声称客观性(也就是超越情境性,达到"无立场视角"["view from nowhere"])。这种观点有时候被称为相对主义。但哈拉维(Haraway 1991)对此回答说,它既反对客观主义,也反对相对主义,因为此两者都让认知者逃避对她们自己建构起的表述所负有的责任。宣称一个表述的客观性也就是宣称"是这个世界让我以这种方式来表述事物的"。宣称相对主义也就是宣称"是我的身份(我的处境)让我以这种方式来表述事物的(而我的身份/处境并不低你一等)"。两者都拒绝承认认知者积极参与了对表述的建构。即使是一幅照片——被视为"客观"描述的典范——也反映了摄影师对胶片、镜头、画面、曝光等因素的选择。但求助于身份的相对性并没有更好一些。断言所有视角都是平等的,也就免除了他人出于不同立场而做的批判,并自满于自己的立场。虽然它承认认知者的表述是依赖于她特殊的处境,可它又宣称她对此并无选择余地,所以是无能为力的。但是,后现代主义者拒绝相对主义者所依赖的那种个人身份的固定性和统一性。人在认知上并不由她们的文化、性别、人种或任何其他身份所决定。她们可以选择从其他的视角出发去思考。所以,尽管我们将永远具有多元视角,它们的组成却是不断在变化而不是固定的;而且,在个人与视角之间并没有永恒的一致性。

因此,想要成功越过令人眼花缭乱的情境化知识的阵列,还需配套以两种类型的认知实践。一种是接受责任,这包括承认处境的选择(这是进入建构表述中去的因素)(Haraway 1991),也包括考虑一个人的处境是如何影响其表述的内容的(Harding 1993)。第二种是"世界旅行"("world traveling")(Lugones 1987)或"移动定位"("mobile positioning")——设法从很多其他视角去看待事物。移动定位永远不可能那么的简单无辜。想象自己处于另一种处境之中是充满风险之事。它要求敏感地投入那些他人所处的位置,并与之产生共情。此两者都可将情境性的认知转化为一种批判性的和负责任的实践。

三、来自女性主义内部的批判

女性主义后现代主义的两个关键特征——拒绝将"女人"作为一个统一的分析范畴,以及视角的无限转换与分裂——在女性主义理论内部是有争议的。

大规模地反对将妇女做大规模的归类看来是武断地阻止了对严重影响着妇女的大规模社会压力进行批判性的分析(Benhabib 1995)。诚然,不同社会地位的妇女可能经历的性别歧视有所不同,但这并不意味着她们之间就没有共同之处——她们仍然深受性别歧视之苦。交叉性(intersectionality)并不应该成为消解"女人"范畴的基础,可以通过对性别做结构性分析来安置交叉性:在结构性的分析中,可以顾及人种的和其他特殊模式的性别镇压(Haslanger 2000)。后现代主义的替代方案(分裂和多元)不仅威胁到聚焦分析的可能性(因为不可能同时聚焦所有不同的立场),同时也威胁到在不同身份的妇女间建立起政治有效的联盟的可能性。根据其最终得到的逻辑结论,女性主义后现代主义将不得不解散掉所有群体,所以,等于反而重又制造出它声称要反对的启蒙的认识论即个人主义。

而"移动定位"的想法可能也只会复制出客观主义,以及后现代主义者自己声言拒绝的自治观念(ideas of autonomy),只不过它现在假借的是"无处不在的立场"("the view from everywhere"),而不是"无视角的立场"("the view from nowhere")而已(Bordo 1990)。批评者认为,女性主义者如果索性坦率地挪用人权和自治权的理想说不定还会更好些,而不必拥抱自我分裂中的"主体的死亡"(Benhabib 1995)。

但除了以上这些困难,后现代主义在女性主义认识论中还是保持着有力的发展趋势。因为,所有的女性主义者都承认,情境化知识的多元性似乎是社会分化和具身性无法避免的一个结果。

第三节 女性主义经验论

一、理论渊源：经验论

从女性主义经验论（feminist empiricism）这个名称就可以知道，它的基本理论立场与传统哲学中的经验论有着密切的、源流的关系。

一般经验论的观点是，经验为所有知识提供了唯一的或至少是主要的来源、根据或辩护。从古典经验论者一直到20世纪早期的一些论家，经验论者普遍认为经验的内容可以用一种确定的、基础性的以及理论中性（theory-neutral）的语言形式来描述。比如，根据我们所获得的感觉材料（sense-data），就可以形成经验内容，而后被知性的语言所描述。同时，他们中大多数人也认为哲学的思辨则能为经验方法或科学方法提供一种超验的或普遍性的辩护。

但是，蒯因（Wilard van Oran Quine）同时拒绝了以上这两种观念，以一种"自然化的经验论"彻底改革了传统的经验论。对蒯因而言，首先，观察从一开始就完全是负载着理论（theory-laden）的。观察唯有根据在经验中早已存在的复杂概念（当然，此时的复杂概念还不可能被立即给与，因而也不可能是清晰和确定的）才有可能展开进行；而在此过程中，所有这些已有的概念都有可能会在进一步的经验获取中得到修正(Quine 1963)。其次,至于哲学认识论,它也远不是什么为自然科学提供超验性、普遍性辩护的学科,而仅仅是存在于科学本身之中的、另一个层面的问题而已。概言之,在哲学认识论中,我们以经验为主要根据,回过头来审视我们自己的研究实践(Quine 1969)。

从蒯因在这两个方面的思想来看,女性主义经验论者无疑更准确地是蒯因的继承者。只不过,蒯因依然接受事实与价值之间的尖锐分割,这一点却是被女性主义经验论者认为在一种彻底自然化的经验主义中不可接受的事情。所以,女性主义经验论者苦苦思索的则是如何"正大光明地"让实证性研究了解女性主义的价值观,进而,如何才能使目前被普遍接受和认可的科学方法在被女性主义揭示了其中的性别偏见之后得到根本性的改进。她们的这个自然化认识论(naturalized epistemology)版本因而也没有完全追随着蒯因,把认识论降低为一种非规范的心理学调查,而是赞成和正视存在于严格的实证研究中的价值判断的作用。

此外,蒯因还预设了一种类似于个人主义研究故事中的研究者主体。所以,他为自然化的认识论做减法,到最后找到的基础就是行为的和神经的心理学。而女性主义经验论者关心的则是有关性别、人种、阶级及其他一切社会不平等因素对于所有形式/领域的科学研究所产生的影响。所以,她们很严肃认真地看待社会学、历史学和科学元勘等社会科学。其中多数人还拥护一种社会化的认识论——在其中,科学研究被视为一种在根本上是社会历程的活动,而知识的主体甚至可以是共同体或由独立的个人组建成的网络。

二、偏见悖论与社会建构悖论

要把握女性主义经验论存在的问题的核心,也许不得不抓住两个表面上的悖论。

第一个悖论叫做偏见悖论(the paradox of bias)。很多的女性主义科学批判都揭露了科学研究中——尤其是有关妇女、性(sexuality)和性别差异的理论中的男性中心主义和性别偏见。这一批判的力道似乎依赖于一种先前的经验主义者所信奉的观念,也就是认为偏见是一种特别坏的东西,它导致错误的理论。然而同时,女性主义科学的拥护者却又强烈要求女性主义的价值观应该被科学研究所了解。这就相当于建议科学一方面应当剔除男性主义偏见,另一方面却又应当将某些偏见(比如女性主义的)纳入它的运作中来。由此看来,在女性主义经验论者的论断中就出现了自相矛盾的地方,因此有必要整合这两个相互冲突的要求。这就是所谓的偏见悖论。

第二个悖论叫做社会建构悖论(the paradox of social construction)。它与偏见悖论也有所相关。很多女性主义科学批判致力于揭露社会因素以及政治因素对科学研究的影响。科学家拥护带有男性中心主义和性别歧视的理论是因为他们受到了存在于广大社会中的性别歧视价值观的影响。这看起来似乎是在暗示，要清除这些社会偏见，女性主义者需要采用一种个人主义的认识论（an individualist epistemology）。但事实上正相反，女性主义认识论强调的是知识的社会建构。她们强烈要求的，并不是说研究者要自我隔绝于社会影响，而是说，他们应该重新调整他们的科学实践，向不同的（或多元的）社会影响开放自己。这就是所谓的社会建构悖论。

女性主义经验论者认为，要解决这两个悖论，关键就是要破除导致它们产生的前提性假设——这些假设以为，或者就是偏见、政治价值观和社会因素对研究产生影响，或者就是证据、逻辑及其他所谓纯粹的认知因素（这些因素往往被认为是产生正确理论的充分必要条件）对研究产生影响，此两者是非此即彼的关系，即前者只有通过置换掉后者，才能影响到研究。但女性主义理论家指出，事实是，不是所有偏见在认知上都是坏的（Antony 1993）。并且，有三种总体性策略可以表明这一点，可以称之为实用主义（pragmatic）策略、过程（procedural）策略和道德实在论（moral realist）策略。

实用主义策略强调，科学研究的服务目标理应多元化。科学研究追求的是真理，或至少也要达到经验上的充分表述。但是，具体的研究追求的究竟是"哪些"（"which"）真理，这取决于得出的那些表述将被用在什么用途上——其中很多都是实践性的,与背后的社会利益密切相关。负责任的研究应该力求做到(并对此具有自觉意识)在证据的使用与社会价值观的使用之间获得合理、和谐的平衡——证据帮助研究者追求真理,社会价值观则帮助研究者从那些真理中建构起能服务于研究的实用目标的表述来。表明这一点就能解决前面的悖论(Anderson 1995b)。这一观点也许与一种丰富、复杂的自然观相连——这种自然观认为,没有哪种单个的理论能把握实在的整体结构;对现象做不同方式的归纳就将揭示出有益于不同实际利益的不同模式(Longino 2001)。

过程论策略主张,认知上的坏的偏见可以借由一个适当的社会研究组织/机构来阻止。一个社会组织/机构若能由持有各种不同偏见的人们组成,那么,即便机构中没有一个人可以凭借他自己的力量来免除大家的偏见,但只要他们各自的偏见是可以对彼此进行解释的,这样的机构就依然有可能消除坏的偏见(Longino 1990)。这一观点就可能与以下观念相连,即,知识的主体(Nelson 1993)、认知的合理性(Solomon 2001)或客观性(Longino 1990, 2001)是在于认知共同体,而非个人。

道德实在论策略则主张,道德、社会和政治的价值判断也具有真值性(truth-values);女性主义价值观也是"真"的。因此,由女性主义价值观所提供材料的研究并不必然地取代、置换掉对证据的关注,因为证据是维护这些价值观的(Campbell 1998)。

总的来说,女性主义经验论者诉诸实用主义传统来消除事实与价值之间尖锐的二元对立(Antony 1993；Nelson 1993)。她们主张(适度地针对其他实用主义者,如希拉里·普特南[Hilary Putnam]),由蒯因关于证据不能完全决定理论的观点可推论出如下观点,即,事实可部分地由价值建构,反之亦然,价值可部分地由事实建构。当事实与价值之间缺乏尖锐区分时,我们就不能说由女性主义价值观驱动的研究原则上是与真理相对立的了。无论是女性主义者所做的研究,还是性别歧视者所做的研究,理论是对是错都取决于由认知规范提供标准的实证调查；但问题的关键就在于,认知规范本身是可以被调整的——调整的根据就是它们所产生出来的理论的种种优缺点。这便是自然化的认识论的风格：对研究规范的辩护理由并不是到外面去寻找(上升到超验的、普遍性的原则高度),而是在普通的实证调查自身内部寻找。

三、来自女性主义内部的批判

在女性主义理论者内部,立场论者和后现代主义者的知识分子传统与训练没有跟经验论传统发生的激进变化(先由蒯因激发,后经女性主义经验论者发展)保持太大关系。其结果就是,某些批判虽然针对的是被其他女性主义理论家所称的"女性主义经验论",但其实并不符合那些将自己称为"女性主义经验论者"的女性主义者所信奉的内容。

举例来说,后现代主义的女性主义者就批判女性主义经验论者,认为其假定了一种个人的、超历史的、不受社会决定的知识主体的存在(Harding 1990);纵使女性主义经验论者所接受的自然化的认识论早就放弃了那种认知者概念,而支持认知者是处于社会情境中的这一观念。女性主义经验论者还因为"一种未经批判的经验概念"而遭受批判(Scott 1991);但实际上,女性主义所接受的证据概念具有理论与价值承载(theory-and value-laden)的特性,所以,其经验概念是能受到新证据、新理论和新规范的影响,具有可修正性的。女性主义经验论受到的另一批判是,批判她们天真地以为科学能够完全凭借自己的力量而不必借助于女性主义价值观或洞见力,就改正在它关于妇女和其他弱势群体的理论中所存在的错误和偏见(Harding 1986,1991)。这一批判也刚好与那些自称女性主义经验论者的实际立场形成鲜明对照。后者恰好认为,科学如果不积极地把女性主义研究者平等地纳入研究的集体项目中的话,是不可能声称获得关于这个世界的客观知识的——因为我们这个世界是由性别化生命(gendered beings)构成的性别化社会世界(Longino 1993a,1993b)。还有更尖锐的批判声,来自立场论者亨多比(Hundleby 1997),认为女性主义经验论者忽视了女性主义政治活动的重要作用,尤其是忽视了女性反抗意识的发展为挑战性别歧视和男性中心主义的理论提供了更优先的假说与证据来源。

第四章
女性主义为价值负载做辩护

第一节 价值中立说的挑战

女性主义的理论与实践提出了这样一个问题:既然任何研究都受到道德、社会以及政治利益的形塑,那它又如何同时忠实于对真理的基本认知兴趣呢?和女性主义科学的研究项目正相对立的是,很多哲学家坚持真正的科学在社会、道德和政治价值上是中立的。这就是所谓科学价值中立说。莱西(Lacey 1999)在价值中立说中有效区分出了如下要素:

(1)自主性(autonomy):即认为科学在不受社会/政治运动与价值影响的时候才开展得最好。

(2)中立性(neutrality):即认为科学理论不对任何非认知性的价值进行暗示或假定,也不会比其他领域更多地服务于非认知性价值。

(3)公正性(impartiality):即认为接受一个理论的唯一理由就是它与证据之间的关系。持此立场者认为,坚持这些证据就能保证做到比与之相竞争的、非认知性的价值观更为公正。

在这些声称中,中立性是最可疑的,因为它把研究者接受社会、政治与道德价值的影响描述得仿佛完全跟证据无关似的。但科学研究所使用的证据要证明的恰恰是人类的潜能,以及当人们力图在实践中实现这些价值时会发生什么。如果中立性要求所说属实,那么,那些坚称数学是男人专属地的辩护士们就不必烦恼地争辩说妇女在智力上不能胜任数学,那样做只会扰乱她们子宫的运作;而女性主义者也不必烦恼于反驳那些论调了。中立性与其说是对科学特征的一种描述,倒不如说是对某种社会与政治价值观的辩护理由。泰勒(Taylor 1985)、泰勒斯与欧泊迪克(Tiles & Oberdiek 1995)在具体的案例研究中表明了,科学理论是如何比其他领域更多地服务于某些社会与政治价值观的。

然而,价值中立说的核心论断却是公正性。承诺公正性的思想认为科学理论所致力于的是真理,是事情是什么;而价值判断所处理的却是事情应该是什么。即便中立性是错的,因为事实为价值判断构成了部分的证据,但相反的说法也是不对的。唯有事实才能为其他事实提供证据。接下来,自主性被辩护为是一个能确保科学满足公正性要求的手段。社会与政治运动被认为威胁到自主性,因为它们对科学的基本影响被理解为在于迫使科学家忽略事实并验证他们的世界观。

公正性的辩护士反对女性主义科学哲学家提出的相关理念，因为他们认为它将威胁到公正性。

第二节 不充分决定论的基本论点

女性主义经验论者通过扩展蒯因的论点——理论不能被证据充分证明——来回应价值中立说的挑战(Longino 1990；Nelson 1993)。任何观察的内容，唯有结合特定的背景假设，才能被视作具体假说的证据。若改变了背景假设，则同样的观察就将支持非常不同的假说了。举例来说，17世纪观察恒星视差(stellar parallax)的失败被地球中心论者看作地球静止不动的证据，而在太阳中心论者看来却证明了星星的距离是非常远的。没有什么逻辑原则能阻碍科学家选择不同的背景假设来解释他们的观察。实际上，科学家在选择背景假设的时候的确会面临一些基于认知价值的约束，诸如简单性(simplicity)和保守性(conservatism)(这是对修正已根深蒂固了的假设的抵抗，因为很多其他的假设都依赖于这些假设)。但就那些还在积极探索中的问题来说，这些认知价值很少能约束选择范围，将其缩减到只有一个选项，而他们的解释和砝码从任何意义上来讲也都是可争论的(地心说只是被最重要的保守主义颠覆的)。女性主义经验论者断定，鉴于背景假设的选择范围，并无逻辑或方法论的原则能绝对阻止科学家去选择他们的背景假设——由于它们符合社会和政治价值观，或者任何其他偏好或兴趣。所以,结果就是,女性主义科学家可以选择她们的背景假设,因为它们符合女性主义价值观。

普特南(Putnam 1981)发展了一个类似的观点,并被内尔森(Nelson 1993)转移到女性主义的结论当中。价值判断和事实判断一样在信念网络中运作,这样,价值判断就要被包括进支持着事实判断的背景假设中去;反之亦然。如果信念网络连接着事实判断和价值判断,那么,这两种判断类型之间就不存在清晰的区别了。这样的话,就没有很好的理由不允许以女性主义价值观去形塑科学判断了。

但我们一定要小心,不要过分夸张了不充分决定论(the underdetermination)的观点。就像英特曼(Intemann 2005)所说,这并不是说语境性的价值判断被作为科学中的背景假设是必需的。不充分决定论的观点仅仅是在科学中为社会价值观的引入撬开了一个潜在的空间而已。它并不足以证明任何将女性主义价值观引入科学的特殊方式的合法性。女性主义科学评论家和女性主义科学家同意,在影响科学的社会价值观中,存在着认知上非法的以及认知上合法的方式。这也就是为什么有必要区分引发错误的偏见以及作为认知资源的偏见的基本原因,这个区分需要能消解关于偏见的悖论。若单独来看的话,不充分决定论的观点并无助于我们区分两者,所以,附加条件是必需的。

当初,关于"观察渗透理论"的大辩论可以为我们提供一些经验,告诉我们需要寻找的是什么。现在被普遍认同的是,观察渗透理论并不威胁到这些观察作为一个理论的证据的地位,但前提是,在观察中被预设的理论并不直接包含了由这些观察所检验的理论。至少在一定程度上,应该避免循环论证。同样地,科学负载价值论的首要危险也在于不知不觉成为一种一厢情愿或教条主义的循环论证(Anderson 2004)。背景假设连接起证据与理论,具有价值负载的特征,但这个特征不应排除一种可能性,那就是发现研究者的价值观是错的。因为(比如),它们的基础是对人类潜能的错误信念,以及将某些价值观付诸实施的后果。(注意,只有当中立性观点是错误的时候,才有必要担心一厢情愿的危险。)如果妇女真的无法胜任数学,或者,她们在做尝试的时候子宫真的会受到扰乱(就像性别歧视理论所坚称的,会引起癔病),那么,被纳入女性主义科学的价值观就不应预先封闭这一可能性。虽然妇女科学家在检验这些带有性别歧视的假说时预先假定自己的数学能力是没有问题的,但这并不排除她们可能会发现其他结果。她们需要做的仅仅是向公众批判开放其计算,以保持这一可能性的活力。

第三节 基本的实用主义策略

上述观念可为判断负载有社会价值的研究何时出错提供某种标准;但它们没有解释它们可能会产生什么积极的认知影

响——它们如何作为一种认知的资源而起作用？一些女性主义认识论家在此强调了研究的实用功能（Anderson 1995b）。所有的研究都起源于一个问题。问题可能并不仅仅是被纯粹认知的兴趣（好奇心）所激发，还有可能是被各种不同的实际利益所驱使，比如，想要看清楚人们认为有问题的状况的本质和原因，并找出如何才能改善那些状况的方法。所以，研究产生的成果应该是符合这些实用-认知兴趣的。于是，研究的实用层面就引出了对理论的评价新维度。也就是说，我们现在不仅要问理论是否有足够的证据来保证它们可被接受，还要问它们对于那些渴望使用这些理论的、情境中的认知者来说是否在认知上易于接受，是否有用（能帮他们解决他们的问题），以及，是否回答了那些被设计出来以寻求答案的问题。由此也就可想而知如下情形，即一组命题可以（在理论上）正确，却未能通过这些实用性的测试。

在这个问题上，即便是科学价值中立说最忠实的拥护者也承认，实用层面的因素合理地影响着对研究对象的选择。承认这一点也就意味着，实用的兴趣（包括社会与政治价值观）也是认知的资源：带着不同兴趣/利益的研究者们将研究并发现世界的不同面向。然而，科学价值中立说的拥护者还要进一步辩论的是：一旦研究者决定了研究的对象与方向，那么，接下来的事就完全由世界的本质真相决定了。女性主义认识论家则认为，实际利益对于被探索事物的穿透力远胜于此。在构成知识对象的过程中,认知者(主体)扮演着更为主动积极的角色,远非一般想象的那么单纯。(这也是女性主义认识论家在讲她们反对"主客二元论"时所意指的一个方面。)"建构"("constitution")有两层含义:一层是再现性的(representational);一层是致因性的(causal)。从再现意义来讲,认知者要建构知识对象,就要选择他们可用来描述(represent)它的术语(terms);并规定一个语境,在其中,它被描述为可运作的。如果认知就像"看"("seeing")——所有的"看"都只是"将……看作"("seeing as")的一种形式而已——,那么,不同的利益/兴趣将令我们以不同的方式去看到那"同样"的事物(Longino 1990)。这就是所谓"情境性的认知"("situated knowing")这件事的最直截了当的含义。从致因性意义来讲,有些再现对于被再现的对象具有致因性的影响作用。比如,当我们所表现的是我们自己时,对于我们的自我表现的领会会改变我们之所是,以及我们之所为。这来自我们的"自主性",也就是通过我们的自我理解来控制自己的决心。这有时就是所谓"主体(或其身份)是由社会建构"的这一论断的意思。

用来捍卫女性主义科学(或任何由社会与政治价值观形塑的研究)的基本的实用主义策略将会显示,研究的实用主义利益是如何许可或要求一种特殊模式,令价值观影响到研究的过程、成果以及对成果的领会,但与此同时,又留下适当的空间令证据起到证明作用的。在管理得当的研究中,价值观和证据理应起着既有所不同又相互合作的作用；价值观不会因为信念所做的决定而和证据竞争（Anderson 1995b，2004）。

第四节 合理影响科学的社会价值观类型

女性主义科学哲学家强调，社会与政治价值观在科学中所起的作用具有多样性，而效果则具有偶然性（Wylie & Nelson 2007）。所以，我们必须秉着就事论事的态度，在具体的科学研究中检查具体的价值观的实际运作，并判断这些价值观是否阻碍或促进了知识的探索——具言之，即判断这些价值观是否阻断了发现不受欢迎的事实的可能性，引导科学家做出武断的推论，或者使他们的发现免受批判性审查；或者，这些价值观是否能促进新事实的发现。这种判断根据语境来做出，并受制于根据新证据而做的修正。下面罗列的，就是社会价值观所产生的影响的类型。这些类型是女性主义认识论理论家和科学哲学家讨论认为合理影响了理论选择的类型。（当然，它们在一个特殊案例中的影响在认识论层面究竟是好是坏还需要更深入的调查研究）。

认知价值的选择与权重。库恩（Kuhn 1977）认为，科学家要诉诸认知价值观，才能建立理论与证据之间的联系。在他列出的认知价值观清单中，包括了精确度/准确性（accuracy）（经验充分或真理）、范围（scope）、简单/朴素性（simplicity）、多产性（fruitfulness），以及内部的一致性和与其他信念的一致性(保守主义)。朗基诺(1994)认为,女性主义有理由更喜欢那些能证明其他认知价值(诸如权力扩散[diffusion of power])的理论。权力的扩散和简单/朴素性一样,并不是一种真理导向(truth-oriented)的认知价值。但两者都可算作认知价值,因为它们使理论在认知上更易被我们有限的心智所接近和理解。权力扩散(的观点)认同的是:认知的可接受性与认知者的处境相关。(但是朗基诺将女性主义科学其他价值观的一些特征,诸如本体论的异质性[ontological heterogeneity]、关系的复杂性[complexity of relationship]等也描述为认知的价值,这在一定意义上是一种误读。它们更适合放在下面将会提到的"分类"和"模式"的名下。)无论是简单/朴素性还是权力扩散,都与真理处于张力之中,因为体现了这些性质的理论不仅会忽略很多复杂、混乱的真相,而且甚至可能做出错误的论断。这是否不好取决于真相是否被忽略,或者所包含的误差是否重大,而这些又只能根据研究者的利益或研究服务于的利益来判断。所有合法的研究纲领必须力求体现经验充分性价值(the value of empirical adequacy),这就要求至少理论要尽量接近于真理。理论对精确性的要求有多高,取决于更大的误差幅度会在多大程度上影响到预期中的知识有用性。由此,研究者或者理论的潜在用户的处境和实际利益就可能合理地影响到在理论选择中对于认知价值的选择和权重。

证据的标准。按照惯例,社会科学家只有在假设概率小于5%的时候(也就是统计学意义相当于一个任意水平的时候),才拒绝这种无效假设(the null hypothesis)。这就意味着,统计研究中观察到的结果被解读为仅仅反映了样本中的偶然变异。贝叶斯主义㊱者和其他人认为,统计学意义的水平应该有所变化,而这个变化取决于第一类误差(相信有些东西是错的)与第二类误差(无法相信有些东西是对的)之间的比较成本。譬如,在医学中,如果结果是足够激动人心的,而不按其行事的估计成本又被认为是足够高的(比如,不提供一次可能有效的治疗,其代价可能是死亡);那么,临床试验通常被停止,哪怕有着高得多的假设概率(即提供一次无效治疗的代价可能很小),而结果还是被接受为真实的。这种做法明确包含了一种社会价值判断:结果在被接受之前需要证据。黑尔-姆斯汀和马拉塞(Hare-Mustin & Maracek 1994)认为,通过并行推理(parallel reasoning),发现性别差异或未能发现(性别差异)的研究是否应该被接受,这将取决于偏见 a(夸大差异)和偏见 b(忽略差异)在具体语境中的比较成本。

㊱ 托马斯·贝叶斯(Thomas Bayes,约1701—1761),英国数学家,主要研究概率论。他首先将归纳推理法用于概率论基础理论,创立了贝叶斯统计理论,对统计决策函数、统计推断、统计的估算等作出很大贡献。贝叶斯主义也称为"贝叶斯认识论"。它是一种认知证明理论,主张一个信念 P 得以被证明的条件是当且仅当这个 P 的概率高到合理的程度,并且这种概率由获取新论据而发生的认知证明变化,可依据概率演算包括贝叶斯定理来计算和预测。

分类。对被观察现象的分类方法也许合理地取决于研究者的价值观。在医学中,对健康与疾病的区分反映了对人类福利以及处理问题的适当方法的道德判断,还有因果判断。也就是说,一种被视为对人类来说不好的状态,除非有某种药物治疗被认为既是处理它的适当途径,又可能有效,否则不会被归类为疾病。女性主义研究也提出了妇女受压迫的成因问题,它们要求将这些现象归类为强奸、性的客体化(sexual objectification)、性歧视等的实例——所有分类都关系到它们(现象)与经验和评价标准的契合度(Anderson 1995a,1995b)。一般来说,如果被提出的问题涉及价值负载现象(诸如,某种行为对人类福利有何影响,或者,某些制度是否公平或具歧视性),那么,被研究的经验现象的边界轮廓(归类)就会受到价值判断的定义(Intemann 2001,2005)。

方法。挑选研究现象的方法取决于研究者所提出的问题,以及他所探索的知识的种类,此两者皆可反映出研究者的社会利益。社会科学中的实验方法可能有利于发现那些可被用来控制人们在类似情形下的行为的因素。但是,若要将其行为(behavior)作为"行动"("action")来领会——也就是说,个体是企图通过他们对自己正在做的事情的理解来管控自己的行为的,他们是有这个自我意识的——的话,那么,就要求不同的实证研究方法了。不同的研究方法包括定性式的访谈——此法允许被研究的主体描绘出他们自己的意义体系,以及参与式的观察。立场论和批判理论一样,也致力于放权给被研究的主体,帮助他们释放自我理解;而这些目标都可能要求着不同的研究方法,比如,提升(被研究主体的)自我意识感(MacKinnon 1999)。

因果解释;模式;意义解释;叙事。对大多数现象来说,影响到它们发生的原因的因素,其数量是巨大的——巨大到根本无法被一个单一的模式所理解或测试。所以,研究者必须选择一个关于成因的子集,以便能容纳他们所测试的模型。而选择的过程,可能会基于成本或实用性的考虑——有些类型的数据很难获得,或者花费高昂;那么,便宜的或者更易获得的方法也许就更适合于测试原因变量。对原因变量的选择同样也可能基于其符合研究者的社会利益或个人兴趣(Longino 1990,2001)。这些利益/兴趣通常都反映了他们的背景——对于责任、义务和变化/改变等持有何种社会和道德判断?举个无伤大雅的例子来说,在大多数环境下,被挑选来作为危险的火灾的原因的,都是火星、火焰或易燃物品,而不会是氧气的存在。在这个因果解释当中,那些被判断为有可能改变的或者说值得/应该改变的因素才是重点。再举一个更有争议的例子:保守派更倾向于研究离婚或婚外生育,将其作为引起妇女贫困的原因;而女性主义者则不然,她们更喜欢聚焦于其他原因——比如,妇女被排除在高薪工作之外,婚姻中妇女微弱的发言权,以及男权标准(令父亲在子女的抚养中很少参与,从而迫使妇女放弃收入,肩起重担)。请注意,这些因果解释并不是互不相容的。所有这些被引用的因素都可能促成了贫困更"青睐于"女性这一结果。更准确地说,利益标准将会决定一个研究者究竟是选择仅仅模拟主要的效应对相关人类福利的影响,还是也模拟交互作用的效应所产生的影响。一个变量(比如说一种生活方式)对作为一个总体的人口来讲具有一种积极的主要效应,却可能对某个少数群体来讲具有消极影响。然则研究者是否对这类负面效应进行模拟和测试就可能取决于他究竟是相信一种生活方式的确或应该适合所有人,还是更重视多元主义和本体的异质性(Anderson 2004)。

通常来讲,研究者所追求的不仅仅是一组事实,而是这些事实意味着什么。事实的含义或意义取决于它们与其他事实的关系。即使两个研究者同意致因性的事实,他们也可能不同意它们的意义,因为他们与这些事实的关联方式不同,而这些方式反映着他们的背景价值观。女性主义者同意保守派的说法,即离婚是导致贫困女性化(the feminization of poverty)的一个原因,但他们反对由此引申出的妇女在婚姻中会更富裕的意思。她们认为,婚姻因其性别划分(家庭内的和市场上的劳工),本身就构成一种妇女所要面对的、重要的结构性劣势,它们在离婚发生时就变成更坏的结果(Okin 1989)。保守派既然将婚姻视为美好生活的必要条件,也就不会愿意再从这样一个角度来审视婚姻了,就像大多数人不会愿意因为房屋着火而去指责氧气的存在一样。一般人会想,科学家应该坚持事实而避免意义的判断。然而,我们所问的大多数问题要求的答案是要让事实符合更大的、有意义的模式。所以,这就诚如哈拉维以一种后现代主义方式所表达的:科学家不可避免地要讲故事,这就要求选择叙事框架,也就意味着科学必然会超越事实(Haraway 1989)。这个选择将既取决于它们与事实的符合,又取决于它们与故事讲述者背景价值观的符合。

结构假设。当我们提升到更高的抽象水平,总体框架的假设就开始在研究对象的构成中起作用。其中有一些是有规律的。经济学将人类作为自私自利的、工具理性的选择者来研究。社会心理学将人作为对在社会中有意义的情况的反应者来研究。行为主义将人作为客观定义的环境变量的受影响者来研究。行为遗传学将人作为受其基因影响者来研究。这些全都是"看作"("seeing as")的形式。朗基诺(Longino 1990)和蒂勒斯(Tiles 1987)认为,结构假设的选择可能取决于它们与研究者利益的符合。女性主义者有志于促进妇女的自主性(agency),所以,她们倾向于选择允许将妇女表征为个体(agents)的解释框架。但这个选择并不保证她们会确认妇女都是个体这样一个背景假设。只包括了"自主性"变量(agentic variables)的因果模型可能解释不了妇女行为中的很多变化(variation);而同时包括了"自主性"和"非自主性"变量的模型则可能被发现能解释所有的变化。选择"价值负载"的结构假设并不必然导致恶性的循环论证,因为仍然有证据表明,这些假设在解释利益现象时是非常成功的。

第五节 多元论:价值负载研究的结果

因为研究者的利益和价值观是在变化的,又因为研究者部分地是根据其与自身利益、价值观的符合而选择背景假设,所以,他们的背景假设也会变化。针对这一事实,女性主义认识论理论家非但没有觉得悲哀,反而力劝我们去拥抱这一事实(Haraway 1991;Harding 1998;Longino 2001)。理论与研究纲领的多元论应该被接受为科学的标准特征——既如此,当然,对于人文科学也是一样。只要不同的研究纲领(而不是其他)正在生产出经验性的成功,避免明显的错误和恶性循环或武断的推论,就有理由视产生出它们的价值偏见(value-biases)为认知性资源——它们帮助我们发现和理解世界的新面向,从新的视角看待它们——,而不视其为追求真理的障碍。女性主义科学对此种价值偏见(被视为认知性资源)的定位是一系列合法的研究纲领当中的一员,而不是取代其他纲领的那个唯一者。这产生了科学的不统一,但却并不意味着相对主义。价值负载的研究纲领仍然向内部和外部的批判开放着。一种拒绝中立立场的、自然化的认识论是允许观察可能会破坏任何背景假设(包括价值判断)的(Anderson 2004)。

第五章

客观性存在吗?

第一节 女性主义对客观性的批判

女性主义并不反对一切关于客观性的主张,而是反对某些具体的客观性概念。女性主义认为在这些客观性概念中包含了如下问题:

(1) 主客二元论:真正("客观地")实在的东西是独立于认知者而存在的。

(2) 非视角性(aperspectivity):"客观的"知识是通过一种"无立场视角"("the view from nowhere")被查明的,这个视角是超越或抽象于我们的具体处境的。

(3) 分离性:当认知者从情感上分离于认知对象时,他们就获得了对它的一种"客观"立场。

(4) 价值中立:当认知者对认知对象采取一种价值中立的态度时,他们就获得了对它的一种"客观"立场。

(5) 控制:关于一个对象的"客观"知识(意味着它"事实

上"是什么)是通过对它的控制获得的,特别是通过实验性的操作以及观察它在控制下表现出的规律。

(6) 外部引导:构成"客观"知识的内容是事物以其实际所是的方式告诉给认知者的,而不是以认知者的方式。

这些观念常常跟有关科学的一系列主张结合在一起:所谓科学的目标就是要了解事物真实之所是——独立于认知者的,而科学家达到此目标是通过分离与控制,此方法能让他们获得(对对象的)透视和(对象对他们的)外部引导。这一系列观念产生于17—18世纪,作为一种哲学式的说明解释了为什么牛顿式的科学胜过其经院哲学的前辈。根据这种说明,先前的科学——它把对象描述为本质上拥有次级的性质和目的——用认知者情感参与的方式混淆了事物自己的方式,所以,认知者将自己的精神状态和价值判断投射到事物身上了。而后来的科学家对上述客观方法的采用则能令其避免这些错误,并获得关于宇宙的"绝对"概念。女性主义者反对这一作为标准典范的系列中的任何一个因素,也不承认它是对科学如何运作的一般说明。

主客二元的对立。如果科学的目标就是如事物自身所是那般去把握对象——令其完全独立于认知者——,那么,在认知者与被认知者之间划出一道尖锐的分隔线就很重要了。女性主义者认为,那些假定科学或"客观"研究的目标在于产生所谓"绝对"知识并认为这一目标确能实现的观念,其实是预设了一种颇成问题的本体论。当研究对象是认知者自己时，这些假定就排除了一种可能性，即认知者的自我认识也帮助构成了认知者之所是的方式。由此，它也就排除了我们的一些特征（如性别）是被社会建构的这一可能性。颇具讽刺意味的是，这些假定很可能导致人们犯下投射的错误，而这恰恰是客观性要求尽力避免的错误：被归因于研究对象的本质特征的，实际上却是人们对那些对象的偶然信念和态度的产物。

非视角性。非视角性理想被证明是在保持与认知者无牵连的情况下达到关于事物绝对知识的一种手段。如果观察者可以不从某个具体、特殊的立场或角度出发而观察事物，没有任何预判或偏见，那么，唯一可引导构成知识的就只有事物本身（外部引导），而不是认知者了。女性主义者同时出于后现代主义（Haraway 1991）和实用主义（Antony 1993）的原因，质疑了这种所谓"无立场视角"、无预判（presuppositionless）和无偏见（bias-free）科学的可信度。对世界的再现一定反映了观察者的利益、立场和偏见，否则根本不可能完成，因为科学理论总是超越为它们所提供的证据。偏见对于理论化而言不仅不可避免，而且也是必要的。所以，我们正确的计划不应该是完全放弃预设或偏见（因为这是不可能的），而是在经验层面上研究哪些偏见才是富有成果的，哪些则是误导性的，从而据此来重建科学实践，就像自然化的认识论将会建议的那样（Antony 1993）。有些女性主义批判还认为，非视角性的假设不仅是认识论层面的错误,它在关于这个世界的科学理论中还产生出更深远的错误,而这些错误对于那些身居社会下层地位的人们来说,甚至会产生致命的后果。在持有这种批判意见的最激进者看来,当对客观性的实践——假设被观察的规律反映了事物的内在本质,并据此来处理那些事物——被那些掌权者所接受时,就会生产出特有的、能够用来维护其假设的规律来。当男性观察者使用权力使妇女的行为与他们的欲望相一致(比如,使女性屈从于他们侵略性的性冒犯),而又假设了他们自己的非视角性时,他们就会错误地将妇女的行为归因于她们的本质(女性的被动性),而不会归因于他们自己的社会特权。男性欲望被投射到妇女身上,却伪装成非视角性,结果就构成了男权的使用,使妇女的行为符合于男人的欲望。这一过程造成了妇女的"客体化"("objectification")。它对妇女有害,因为它无形中将强化那种投射性的性别歧视行为合法化了,从而在道德上形成一种恶性循环。而且,它在认识论上也有缺陷,因为它歪曲了被观察的规律的形态(将其理解为一种必然性,而不是一种社会偶然),以及它们的原因(认为原因仅在于被观察事物的本质,而不是观察者自身对于被观察者的立场)。

分离性。作为分离性的客观性理想,其获得辩护的理由就是,它对于避免投射的错误来说是必要的;据此,好的科学家应该采用一种"情感/情绪隔离"("emotionally distanced")

的(真空)立场来面对他们的研究对象。凯勒认为,这种观念应该为科学形象的"男性"象征以及妇女在科学中的边缘化负责,因为妇女一直被刻板地描绘成情绪化的形象。而且,它反映了一种男性中心的视角,因为它是服务于男人的某些神经性焦虑的,如,坚持要在自我与他者之间划清界限,使"女性"保持在安全距离之内(Keller 1985a;Bordo 1987)。其他对"作为分离性的客观性"("objectivity-as-detachment")的批判则更多地聚焦于"情感/情绪隔离"("emotional distance")在认知上的缺陷。因为,女性主义理论家的观点恰恰相反,她们认为"(个人)有机体的感觉/感情"可以使科学家对于临界数据变得更敏感(Keller 1983;Ruetsche 2004)。

价值中立。作为价值中立的客观性理想所获得的辩护是:它是一种必要的心理立场,可以防止在研究中受到一厢情愿和带有政治动机或某种意识形态所进行的武断推理的诱惑。女性主义者认为,根据对科学的现行实践和历史所进行的历史与社会学调查来看,这样一种对科学家必须价值中立的坚持实则是自欺欺人和不切实际的。事实上,这一策略只会弄巧成拙:当科学家把自己描绘成是中立者时,这种想象会阻碍他们去认清他们的价值观是以何种具体方式影响到他们的研究的,从而阻碍了这些价值观的暴露以及受到批判性审查。中立立场的拥护者以为,带有价值观的预设对于科学的唯一影响便是有害性。但女性主义者则主张,这一立场忽略了价值判断在引导研究的过程和成果时所起到的许多积极作用。还存在着其他程序可用来阻止一厢情愿和政治教条主义对于科学最终接受什么的影响,而不需要科学家排除他们的价值判断。

控制。实验环境,是科学家在其中做研究,通过在受控条件下操纵研究对象的行为而得到规律的地方;它们通常被制造出来,以生成有关研究对象的、在认识论上享有特权的证据。这类证据被认为是关于对象的"真实"知识的根据,与之形成对照的另一类证据则是通过与研究对象进行互动的"主观"模式而产生的,比如,参与式观察、对话、政治参与,以及关心它们的需求,等等。女性主义者认为,控制的立场是一种社会权力(并且通常特别是一种男性权力)的立场。它所享有的认知特权同时反映了男性中心主义(一种男性观点,却被误传为普适的)和社会等级(将什么都性别符号化为"男性的",以此来维系)。这样的考虑并不能为控制立场的认知特权提供正当理由。与此同时,他们也低估了通过与研究对象的合作或对它们的爱而获得有关它们的经验同样具有的认知价值。对于"作为控制的客观性"("objectivity-as-control"),一些主要的女性主义者抱怨的并不是说它产生出错误的理论;而是说,由它产生的理论所生成的只是关于研究对象潜力的局部视图,它所反映和服务的只是对对象进行控制的利益,而不是以其他方式与对象建立友好关系的利益,或授权于研究对象的利益,或者,如果对象是人,则是令其自我管理的利益。

外部引导。外部引导的理想假设,为了达到事物"客观"所是的或"真实"所是的、独立于认知者的知识,认知者的信念必须服从对象的本质的引导,而不能服从认知者预设和偏见的引导。女性主义者认为,所谓外部引导和内部("主观")引导之间的对照,其实是造成了一种虚假的二元对立。"证据无法完全决定理论说"已经表明,理论不可能纯粹为对象的本质所引导产生。研究者在研究过程中,涉及如何构思和表述知识的对象,它的哪些方面需要研究,如何解释与对象有关的证据,如何表述所得出的结论等的时候,必须做出大量的带有偶然性的选择。借口说好的科学理论都是纯粹外部引导的产物,这只是掩盖了那些决定着过程中的选择的权力而已;同时,也是免除了科学家捍卫它们(那些权力)的责任。女性主义者已经特别注意到,对隐喻和叙事体裁的选择制约着科学解释(Haraway 1989,1991)。举例来说,当决定将卵子的受精过程叙述为一个浪漫故事的时候,精子就被描绘成一个活跃的角色,而卵子则变成一个被动的角色,从而模糊了卵子在实现受精过程中的致因性作用(Martin 1996)。同样地,当决定将从猿过渡到原始人类的过程作为一部英雄剧来讲述的时候,重点就被放在了假设性的男性活动如狩猎上,将其假定为进化的发动机;而不将重点放在假设性的女性活动(平衡幼儿需要与采集)上,或放在由两性所共享的行为(如语言的使用)

上,从而模糊了更缺乏戏剧性但却至少同样有数据支持的女性维度(Haraway 1989；Longino 1990)。

女性主义对于客观性的不同概念的这些批判,享有一些共同的主题。客观性的这些成问题的概念只能说是生成了**部分**关于这个世界的说明,然而,他们却将其歪曲为是完整的和普遍的知识。他们所承诺的这些偏爱形式,要么是男性中心主义(从男性立场表述世界)的,象征着"男性",要么是服务于男性利益(或其他社会主导立场的利益)的。他们把表现了错误和偏见的认知模型归因于象征着"女性"性别的品质(通常直接就归因于妇女),由此来证明自己是正确的。这样一些客观性的概念,因其建议避免"女性化",所以行使着从研究中排除女性参与或剥夺其认知权威的功能。这些成问题的客观性概念忽略了知识的优化,忽略了所谓"女性化"理论方法(比如,使用情感投入法,以及,明确关注视角性知识)在认知上富有成效的使用。通过将局部的视角描述为非视角性和外部引导的,这些成问题的客观性概念在其信徒中间引发了系统性的错误。颇具讽刺意味的是,它们所引发的这些错误——诸如投射的错误(错将认知者的性质或认知者与被认知者之间的关系理解为认知对象固有的性质)和偏好——,恰恰就是客观性概念力求要避免的错误。此外,这些客观性概念倾向于阻止其信徒认出和纠正这些错误,所以也倾向于在科学实践中巩固它们。

第二节　女性主义者的客观性概念

女性主义对客观性的批判旨在考察在研究中如何辨认出错误的和不合理的偏见来，而不是为了否定客观性的存在。所以，她们事实上有着自己对客观性概念的规定。女性主义认识论家和科学哲学家避免本体论的说明（比如，主客的二元对立），因为这种说明根据一种先验的理念（被认为是真正的真实）来定义客观性，而不去调查实体在多大程度上存在。女性主义的客观性概念则相反，是一个过程性的概念。研究的成果越是由客观的程序/过程所支持，它们也就越具有客观性。一些具有较大影响力的女性主义客观性概念通常包括以下几点要素——

女性主义的/非性别歧视的研究方法。有别于提供一个有关客观性的全面说明，一些女性主义者选择提供方法论上的指导方针，以避免她们已在主流科学中辨认出的性别歧视和男性中心主义的错误与偏见。艾希勒（Eichler 1988）的工作在此方面提供了一个典范，解释了如何避免研究中的男性中心主义、过度概括、性别不灵敏以及对性别的双重标准，等等。更具野心的是，女性主义者还在进一步寻求能体现女性主义价值观的研究方法。举例来说，能确保社会现象的性别特征得到凸显的方法（Nielsen 1990；Reinharz 1992）。有些理论家认为，女性主义所要求的方法论标准存在争议，诸如，偏爱定性方法胜过定量方法,或者,毫不置疑女性主体对其自身经验的解释(Stanley & Wise 1983)。但其他的女性主义研究者非常质疑这类论断(Greaves, Wylie & Staff 1995; Jayaratne & Stewart 1991)。比如,哈丁(Harding 1987b)就令人信服地表明,并无简单的、单一的女性主义方法;作为一名女性主义者的科学研究者被要求能够乐意接受各种不同的方法,至于究竟采用何种方法则要取决于研究中的具体问题是什么。

情感投入。很多女性主义理论家都强调了对研究对象的情感投入可令认知获得丰硕成果。在道德和政治研究中,情感起着决定性的认知作用,它能使观察者与世界的有关特征相协调(Jaggar 1989; Little 1995; Anderson 2004)。在社会科学研究中更为普遍的是,对被研究的主体的情感投入可能是必要的——无论是为了引出具有科学价值的行为来,还是对于解释这些行为而言。对人种志学者来说,他们就很需要赢得他们所研究的主体的信任,令其开放自己,并获得与他们的密切关系,以了解他们正在干什么。对被研究者的同情性认同可能会产生对权威理论和重要的竞争假说的重要批评。伊夫琳·福克斯·凯勒(Keller 1985a)就在她对客观性的独特理解的基础上提出了一种"动态客观性"("dynamic objectivity")的理想,一种作为(非神经质的)情感投入的客观性理念:

（客观性是）人们期望获得对其周围世界最真、最可靠的理解的一种追求。这种追求是动态的，它将心灵和自然之间的共同特性作为理解的资源加以积极利用，其目标在于建立这样一种知识形式：它承认我们周围的世界是一个独立的整体，但同时坚持这一整体与我们之间的共通性。这样一种动态客观性同移情相类似，都利用了主客体在情感和经验上的相通性，形成关于他者的知识和理解。㊲

所以，动态客观性利用了一种不同于传统认识论的知觉模式，这种模式建立在对对象投以爱的关注的基础之上。凯勒认为，这种模式比之"作为分离的客观性"要优越，因为它不会传达一种神经质的需求（为了减轻对于通过控制被研究者而保持研究者独立性的焦虑）。但朗基诺（Longino 1993b）反对凯勒的理想，理由是，即使动态客观性确实是包含更少神经质性的、与世界互动的模式，但也不能证明它就在认知上更为优越。凯勒的案例研究是关于芭芭拉·麦克林托克㊳

㊲ Keller, Evelyn Fox, *Reflections on Gender and Science*, New Haven: Yale University Press, 1985, p. 117.

㊳ 芭芭拉·麦克林托克（Barbara McClintock, 1902—1992），美国著名的女性生物学家。她在玉米染色体研究中做出了许多重要发现，促进和推动了细胞遗传学这一遗传学分支学科的建立。其中，最为世人瞩目的成就当属她对转座基因（可移动基因，或俗称"跳跃基因"）的研究。她是遗传学研究领域中第一位独立获得诺贝尔奖的女科学家，也是世界上第三位独立获诺贝尔奖的女科学家。

(Barbara McClintock)对基因转座(genetic transposition)的开创性发现。这个案例被描述为动态客观性的一个典型表现,示范了对研究对象投以爱的关注能在认知上收获丰硕的回报;然而,这一案例却并不能完全回应朗基诺的挑战。因为显然,要证明一种接触模式在认知上富有成效是一回事,而要证明它在认知上比其他接触模式更为优越则是另一回事。

反身性(reflexivity)。桑德拉·哈丁(Harding 1993)认为,一种表述,其产生过程具有越大的反身性,则其客观性也越大。反身性要求研究者将其自身摆放在与知识对象同样的因果平面上。他们必须搞清楚他们自己的社会地位、利益、背景假设、偏见,以及其他偶然的、视角性的特征,正是这些因素塑造了问题、方法、解释和对论断(即认知者接受其为客观知识的东西)的陈述模式。反身性肯定表述的偏好性,没有一味否定其通向真理的可能性。一个表述没有成为关于被表述对象的完全的真理,这并不妨碍它也可能是真实的。通过避免迷恋于一己的局部视角,而代之以一个较为全面的视角,或者通过让表述的可疑的偶然性凸显出来,都可以提高客观性。哈丁认为,在研究中纳入被边缘群体将会增加反身性,因为,对于那些出于掌权者视角而毫无疑问被接受的表述,边缘群体更有可能关注到并质疑其特征。所以,民主包容是反身性的隐含之义。哈丁的"强客观性"理想就包含了反身性和民主包容,两者都保证研究具有更客观过程的关键特征。她把这一理想定位为立场论的重构,因为它在制作客观知识的过程中赋予了边缘群体的立场以一种不可或缺的角色。然而,强客观性并不意味着将认知特权赋予被压迫者的立场;毋宁说,它只是喜欢由包含他们的共同体所产生的表述,而不喜欢排除了他们的共同体所产生的表述。

民主的讨论。海伦·朗基诺(Longino 1990,2001)最彻底地发展了一种基于民主讨论的客观性概念。她的关键理念就是,知识的生产是一项社会性的事业,需要通过研究者之间批判性的、合作性的互动才得以保证。越是能回应来自所有观点的批评,这一社会事业的产品就会越客观。这一理念其实并不新鲜,相反,它建立在一个长期传统的基础之上,对这一传统的贡献者包括了J·S·穆勒(John Stuart Mill)、卡尔·波普尔(Karl Popper)以及保罗·费耶阿本德(Paul Feyerabend)。女性主义者通过提供如下条件而发展了这一传统:

(1)一个更明确的"所有观点"("all points of view")的概念,强调了研究者的社会地位对他们所产生的表述的影响;

(2)不同研究共同体的社会互动特征得到了更为经验化的表述;

(3)对研究者之间平等的更大力强调。

在朗基诺颇具影响力的解释中,一个研究者共同体如果符合以下要求,就可被认为是客观的(有权将其产品归于知识

海伦·朗基诺(Helen Longino, 1944 —)

的行列)：

(1) 为知识论断的批评提供公共场所；

(2) 通过改变理论的方式来回应批评；

(3) 改变理论根据的是被公众所认可的评估标准；

(4) 在成员间的智力权威方面,遵循平等的规范。

对智力权威的平等要求保护了理论的民主性,但它也是最受批判的元素,因为必须考虑到有必要承认研究者之间是存在专业知识和能力等方面的差异的。然而,这种民主讨论式客观性的拥护者对此做出的回应则是：精炼和完善平等性规范,以便能区分出哪些差异是合理的(如专业知识和能力的差异),哪些差异则是不合理的(如社会权力的差异)。社会特权常常被运用来排除某些批评,尤其是那些来自社会弱势群体的批评和来自严肃反思后的批判声音(Anderson 1995c; Longino 2001)。

第三节 女性主义客观性概念的多元性特征

遭到女性主义者批判的客观性概念将客观性认同于一种单一的观点,一种"无立场视角",而将所有其他的观点都当作错误或偏见排除掉。大多数女性主义者的客观性概念则适应于方法和理论上的多元论。不同的研究共同体对世界的不同面向感兴趣,并发展出各种局部的理论来满足不同的认知和实用价值观。虽说经验性理论若非证据支撑就不可能被证实,但是,"证据无法完全决定理论说"还是允许多元化理论的发展,其中的每一个(理论)都可以断言其自己的成功。大多数女性主义者都抵制这样一种思想:那些在某种程度上都含有真理性的不同的理论,最后必须被统一到一个关于万事万物的大理论中去,而且后者还必须是基于一种单一的观察语言和一种单一的理论术语体系的。她们认为,只要不同的研究共同体及其相关理论获得的经验上的成功与公众认可的标准是相一致的,并且承认他们自己对来自所有方面的批评都负有解释责任,那么,他们的每一个成果皆可被视为客观的。但是,这样一来,他们的理论的内容很可能将具有无法约简的多元性特征(Longino 2001;Harding 1991,1998)。

结语

依然游走边缘的努力

第一节　外部对女性主义科学哲学的批判

来自外部的、对女性主义认识论与科学哲学的批判认为，整个研究项目在其基础上就有缺陷。主要的批判可见包括在杂志《一元论》[*Monist*，77(4)，1994]上刊出的一组论文，其中有格罗斯与莱维特（Gross & Levitt 1994），哈克（Haack 1993），平尼克、科特菊和阿尔梅德（Pinnick, Koertge & Almeder 2003），以及吉尔勒（Giere 2003）等人的文章。

对女性主义认识论最重要的批判（可以在上述所有作品中找到）是，它将事实与价值合并，并且，将政治约束强加给科学所接受的结论，这败坏了对真理的追求。对女性主义立场不利的真理就要被审查，而错误的观点却得到促进，仅仅因为它们支持女性主义的目标。另一个密切相关的批判（也能在这些作品中找到）是，指责女性主义认识论理论家对科学持有腐蚀性的犬儒主义态度，声称她们将科学的大部分作为父权和霸权力量的一种原始欺骗而加以拒绝。女性主义认识论理论家被说成坚持认为真理不存在客观标准,而信念则取决于政治力量的斗争。于是,女性主义者也就被视为坚持着以下观点:既然其他的每个人都在忙于一种玩世不恭的权力游戏,那么,她们也不妨参加这场战斗,并将她们的信念强加给其他的每个人。

对此,女性主义认识论的拥护者当然会回应说,这些批判都是基于对女性主义研究项目的严重误会。她们认为,女性主义者没有拒绝客观性和科学,而是力求改进它——通过修正科学研究中存在的性别歧视和男性中心主义偏见,以及通过促进从全方位出发对现有科学进行批判(Lloyd 1995a,1995b,1997a,1997b;Nelson 1990)。她们也不否认目前建立的科学能发现真正的真理。女性主义科学哲学家真正的不满毋宁说在于:科学的主流实践只是提供了一种局部的世界观,它主要适用于发现某一类真理——这些真理所满足和服务于的,是人类特殊的、对物质控制和维持当前社会等级的兴趣与利益(Harding 1986,1998,1993;Tiles 1987)。女性主义认识论理论家注意到,科学家所接受的所谓民主与平等的认知权威标准,连同他们对科学共同体所要求的——对全方位批判的开放与回应——,都与(实际上的)对证据、论证的审查制度或出于政治考虑而得出的结论不符,也与忽略或制止会破坏任何理论(包括受启于女性主义价值观的理论)的证据(的实际做法)不符(Longino 1990,1993a,2001;Anderson

2004)。此外,虽然事实与价值是纠缠不清的,但它们在形塑健康的科学研究的过程中还是起着根本不同的作用;因此之故,对价值观的关注也就不会取代对于证据的注意或与之形成的竞争关系(Anderson 1995b)。

第二种来自外部的,不利于女性主义认识论的主要批判是:它接受了传统关于妇女思维的刻板印象(比如,直觉性的、整体性的、情绪化的,等等),并不加批判地固定了这些陈词滥调。这导致了一些问题的产生。没有证据证明妇女都是一样地思考问题的,或者证明按照一种"女性的"方式思考就能可靠地导向真理。接受对妇女的传统固见也给那些不按女性认知方式思考的妇女带来了不公正的压力(Haack 1993)。对所谓"女性的"思考方式的限定也诱使妇女陷在性别角色中不能自拔,且反而在客观上为父权制做了辩护(Nanda 2003)。对女性主义认识论的促进可能为女性研究者开拓出一块有限的"单独领域",但它会变成就像是知识界中的犹太人区,非常像女性学者在早期绝大部分被局限于"女性"领域,诸如家政学和护理学那样(Baber 1994)。

对此,女性主义认识论的辩护者的回应是,批评者正在攻击一个老旧的女性主义认识论版本,这个版本只是在20世纪80年代该领域启动时被简短地用过,而且即便在当时,也是有争议的(Wylie 2003;Anderson 2004)。也就是说,被批判的这一版本早已被取代。原因当然是多方面的,有许多是批判者已明确表达的那些原因,另有一些是产生于黑人和拉丁美洲女性主义者以及女性主义后现代主义者的批判。

可想而知,只要女性主义认识论与科学哲学还在继续发展,那么,对它的外部批判就不会停止。然而,争论、怀疑和批判的精神本来就是科学品质的题中应有之义。女性主义科学哲学理应在与传统或主流科学哲学的相互批判中取长补短,互为促进,为科学研究注入新鲜、有益的元素。

第二节 女性主义科学哲学的趋势:融合、互动与开新

事实上,面对来自内部和外部的挑战,女性主义科学哲学一直不断地寻求着新的发展之道。从目前已有的努力中,大致可见其未来趋势的两大征象:其一,是女性主义科学哲学内部三大经典路径之间的融合与互动;其二,则是与非认识论领域结合的开新之尝试。

一、融合与互动

当哈丁(Harding 1986)最早提出她对女性主义认识论的三大分类——经验论、立场论和后现代主义——的时候,她是认为这三者提供了根本上相异的研究框架。经验论被认为是假定了一种非情境化的(unsituated)、政治中立的知识主体(subject of knowledge);而立场论和后现代主义则提供了不同的方法,产生了情境性知识(situated knowledge)的问

题——立场论支持某种处境对于其他处境所拥有的认知特权,后现代主义认同立场间的相对主义。然而,在过去的20年间,女性主义认识论的发展趋势却渐渐弱化了三者之间的差异——当然,这也正是哈丁本人所预测和积极致力于的趋势(Harding 1990,1991,1998)。最重要的是,所有这三种女性主义认识论的路径都拥护多元论而反对累积理论(totalizing theories)。所有这三种路径也都反对传统认识论项目中那种从一个超越的视角(a transcendent viewpoint)来规定知识标准的做法,因为她们否认存在任何此类视角。早期的女性主义认识论力图探索有关性别和知识的总体性(全局性)问题(global questions):占支配地位的科学概念或科学实践、客观性以及知识是否是男性化的或男性中心的?男人和女人有不同的认知风格,可表现在不同方向的知识上吗?但这个领域一直在朝着局地调查(local investigations)的方向稳步前进:在特殊的研究群体中,运用独特的方法,对在特定题材的知识实践中与性别有关的方法的多样性进行局地调查。可以说,这一向着局地的转向(turn to the local)促进了女性主义认识论三大路径的会聚。

女性主义立场论。 后现代主义对立场论的批判,以及次级妇女立场(比如,黑人、拉美裔、女同性恋、后殖民时期的,等等)的扩散,使得大多数立场论者放弃了原先的企图,即寻找一种单一的、能要求第一认知权威的女性主义立场。所以,女性主义立场论者转向了一种多元论方向,承认了在认知上有益的、情境性的(situated)立场大量存在(Harding 1991,1998;Collins 1990)。她们宣称,要严肃认真地对待所有被边缘化了的群体的视角(不仅是各种妇女群体,还有后殖民社会中的男人女人、有色人种的男人女人、男同性恋者,等等),从中有着重要的东西可学。吸收了所有这些群体的洞见并从其困境出发的知识体系,一定比只吸收了单一的、拥有特权的群体的洞见并从其状态出发的知识体系要更丰富(Harding 1993,1998)。要理解这一说法的方法之一是从方法论入手:从下属的立场来思考问题,要比限制在统治者视角更富有成效。这样做,就将宣称代表了下属立场的特权从辩护的语境(the context of justification)(即伦理批判的层面)转移到了发现的语境(the context of discovery)(即认识论层面)。理解这个说法的另一个方法则是看它在实践层面产生的利益:从这些立场出发思考问题,使我们能够预想和实现更为公平的社会关系(Hartsock 1996)。从简单地宣称其通往真理的认知特权转变为宣扬其在发现道德或政治上意义重大的真理过程中具有的实践优势,这已经成了立场论拥护者(Collins 1996;Harding 1996;Hartsock 1996)用来对抗后现代主义者(如海克曼[Hekman 1996])批判的关键策略了。很多立场论者也求助于更直接地关注从属地位人民的经历/体验的认知价值,而不是对认知风格上的群体差异进行分类。在关于女性主义立场论内部争论的重要讨论中,怀利(Wylie 2003)确定地认为,某种共识已经从两个方面出现在女性主义认识论的各派观点之间:一是拒绝"本质主义"("essentialism")(即认为,决定了立场的社会群体都有着必然的和固定的本质,或者,其成员必定或应该以相似的方式思考问题);二是拒绝授予任何特殊立场以"自动的认知特权"。相反,怀利强调了,"内部的局外人"("insider-outsiders")(弱势群体的成员,她们需要关于特权阶层的精确知识,以便能成功地驾驭他们)的社会状况有时候是如何可能提供一种偶然的认知特权或优势的——在解决特殊问题时。由此可见,立场论者对多元论的关注正反映了它与女性主义后现代主义富有成效的互动;而她们朝着实用主义、经验,以及弱势群体偶然的认知优势的转变,则反映了它与女性主义经验论富有成效的互动。

近年来,理论家投入了相当大的精力来精确地识别采用了女性主义立场后有可能会发现的特殊的、偶然的认知优势,重点在于用足够的精确性来说明认知优势的合法性。也就是说,这个说明在经验上要可测试(具有实证性);或者至少,它有一部分开放领域,其中貌似有理的、关于认知优势的经验假设是可测试的。由此,所罗门(Solomon 2009)建议,在女性主义立场所获成就中,应包含有在经验层面与创造性思维相结合的特质;瑞彻(Ruetsche 2004)则建议,可以纳入亚里士多德式的"第二天性能力"("second-nature capacities"),以承认某些种类的、理解灵长类社会组织的证据——比如,灵长类动物之间的社会互动。其他立场论者强调了女性主义立场在展现和揭示女性主义者感兴趣的领域中的现象上的认知优势。若琳(Rolin 2009)指出,女性主义立场有出色的能力揭示权力关系是如何掩盖其运作和效果的,并能通过授权给那些权力关系的从属者(比如,通过提高觉悟的方法)而使研究者克服这些理解上的障碍。在对科学界妇女代表名额不足现象之原因的研究上,从女性主义立场出发的科学家,比之非女性主义的研究者,使用标准更恰当的偏见和歧视概念,生产出了经验更充足的理论(Rolin 2006;Wylie 2009)。

女性主义后现代主义。有女性主义者出于谨慎的考虑,赞成后现代主义找到某个折中的、更稳固的地基,使得女性主义经验论、立场论与后现代主义者之间皆能分享。哈拉维(Haraway 1989)在女性主义后现代主义者中就很引人注目。这一方面是因为在她所获得的诸多成就中,有相当一部分能符合经验论的评判标准;另一方面是因为她还力求重建与情境化知识相一致的客观性理念和认知责任(Haraway 1991)。弗瑞泽(Fraser 1995)、弗瑞泽与尼科尔森(Fraser & Nicholson 1990)也强烈要求重新定义后现代主义的宗旨,即它是趋向于实用主义、易谬主义(fallibilism)和知识断言情境化的——所有这些特征都可与自然化的女性主义经验论相兼容——,而不是绝对拒绝大规模的社会理论、历史、规范哲学乃至人道主义价值观。虽然女性主义后现代主义者是否会实际响应这些呼吁还有待观察，可是，这些信号终归暗示了后现代主义可能会选择的方向。

女性主义经验论。早期的女性主义科学批判，由工作于一线的科学家所作，还是非哲学性的，可能预设了一种天真的经验论版本；而追随着蒯因的女性主义认识论家，带着想要弄清女性主义科学批判的意思的企图，明确地将实用主义和自然化的主题合并到了女性主义经验论中去。所以，今天的女性主义经验论者强调情境化知识的中心地位，事实与价值的交互作用，超越性立场的不存在，以及理论的多元化。这些主题和后现代主义的主题正相合拍。此外，女性主义经验论者致力于揭示性别在各种领域（包括科学研究）运作的各种方式，也和女性主义立场论者最近所强调的内容正相一致——后者强调识别由各种版本的女性主义立场所提供的、局部的、偶然的、经验可测的认知优势。

剩下的差异。在女性主义后现代主义者、经验论者与立场论者之间还剩下的差异，则部分地反映了其各自对理论工具的不同选择。女性主义后现代主义者使用的工具是后结构主义和文学理论。女性主义经验论者更偏好的工具是分析的科学哲学。一些立场论版本，诸如柯林斯的（Collins 1990），依靠的则是和后现代主义者与经验论者所用皆不同的身份政治（identity politics）。在某种程度上，立场论仍然与唯物主义认识论相维系,如在哈索克(Hartsock 1996)和麦金农(MacKinnon 1999)那里,完全与女性主义经验论者的自然化的认识论相兼容。

而三者之间的其他差异则反映了对"客观性"的不同态度和采用的不同("客观性")概念。虽然女性主义后现代主义有着相对主义的倾向,但它的怀疑主义和对不稳定性的强调暗中破坏的,既有客观性所谓的无所不包的立场,同时还有相对主义自满自足的狭小眼界。它所缺失的并不是"批判是可能的"这种思想,而是批判的形式——使人能建设和综合起知识断言的批判形式,而不是破坏和解构知识断言的批判形式。尽管哈拉维根据认知责任重新构想了客观性,但是,如果认知者从不长时期地忠于任何断言的话,还是很难坚持要认知者对他们的知识断言负责的(Bordo 1990)。在经历了25年的发展之后,若考虑到立场论强调识别出一种女性主义立场的偶然的、局地的、经验支持的认知优势,要想辨认出女性主义经验论与女性主义立场论之间的不一致意见来大概是越来越难了。英特曼(Intemann 2010)对这两个理论的重要评定认为,剩下的不一致可以归结为两点。第一点,涉及这两个理论将科学共同体中各种不同的参与者的认知优势定位在哪里。女性主义经验论者强调包含进研究者不同的价值观与利益的重要性,因为,这样他们就可以检查各自的偏见;而女性主义立场论者则强调,包含进研究者不同的境遇性体验/经历(situated experiences)的重要性,因为,这样他们就可以带来一个更宽广的经验范围以影响理论化的过程。第二点，涉及到价值观对促进客观性的作用。女性主义经验论者强调科学共同体中的价值多元化如何能够使未经检查的背景假设得到揭露和批判性审查，并使潜在的富有成效的假设得以增加。女性主义立场论者认为，更好的价值观产生更好的理论。英特曼认为，女性主义经验论者应该同时采纳立场论的两个主张。事实上，女性主义经验论者已然这么做，只要这些主张坚持偶然性和局地性（Anderson 2004；Wylie & Nelson 2007）。但是，有些女性主义立场论者否认纳入非女性主义的立场或不良价值观在认识论上会是合理的（Intemann 2010；Hicks 2011）。

二、开新与开放

在诸多的尝试与探索中，除了上述建立于经典理论基础之上，进行内部融合与修正的，还有试图在非女性主义认识论家与女性主义认识论家[39]的洞见之间架起沟通之桥的；也有试图在女性主义认识论与女性主义的其他研究领域诸如女性主义形而上学（比如，弗罗斯特［Samantha Frost］）、后殖民时期研究（比如，哈丁）或女性主义伦理学[40]的洞见之间架起沟通之

---

[39] 诸如若琳（Kristina Rolin）、道卡斯（Nancy Daukas）、麦克休（Nancy Arden McHugh）等。
[40] 诸如科德（Lorraine Code）、波尔豪斯（Gaile Pohlhaus）、格拉斯维克（Heidi E. Grasswick）等。

桥的。

今天,对于很多女性主义认识论家来说,隐含在知识中的权力关系同时也意味着与伦理学议题协同起来研究认识论议题已经变得极为重要,因为意识到两者纠缠得如此之深。就这一点而言,罗琳·科德的工作是最重要的了,她致力于我们与他人之间丰富而复杂的交互作用,并接受了如何跨过社会划分而很好地去认识这一挑战(Code 1995,2006,2011)。为了试图要理解如何在一种伦理承载的意义上很好地认识,很多女性主义者聚焦于一种以主体为中心通往认识论的方法(Daukas 2011),而抛弃了在分析的认识论(analytic epistemology)中占统治地位的趋势,即外在论(externalism)和可靠论(reliabilism)[41]。此外,在建议伦理和政治价值不能被排除在好的认知实践之外,而要扮演正当的认知角色的这场争论的发展中,女性主义者扮演了一个重要的角色(Anderson 2004;Longino 1990;Nelson 1990)。这类争论接着就聚焦于我们如何才能选择适当的价值(Daukas 2011;Intemann 2011;Rolin 2011)。女性主义认识论者通常研究的是关于我们生产的知识的种类,

---

[41] 可靠论将公正(justification)(以及知识)理解为产生正确信念的可靠过程的结果,而不必要主体意识到这一可靠性。但这并不是说所有的女性主义认识论家都抛弃了外在论和可靠论。举例来说,路易斯·安东尼(Louise Antony)关于偏见悖论(the bias paradox)的工作就采用了一种自然化(naturalized)的方法通往知识,并运用了可靠论者的推论来区分在我们寻求知识过程中好的和坏的偏见(或价值)(Antony 1993)。

她们将这些议题理解为本质上是认识论的,同时也是伦理学的,而反对传统的对认识论问题和伦理学问题的割裂——所谓认识论问题就是关于知识断言(knowledge claims)的状态:它们的合理性以及认知上的价值;所谓伦理学问题就是关于研究的方向以及知识的生产。举例来说,女性主义关于无知(ignorance)的认识论的研究工作强调了,无知常常并不是我们的知识存在良性的空白的结果,却是一种故意的选择,意在追求特定种类的知识而忽略另外一些(Sullivan & Tuana 2007; Tuana & Sullivan 2006)。对很多女性主义者来说,负责的认知是生产伦理上合理的知识的关键所在。因此,我们必须关注我们与我们所选择的知识生产之间的关系,同时也要关注我们通过自己的选择是对谁负有责任(Grasswick 2011; McHugh 2011; Pohlhaus 2011)。

像这样一种认知领域的"完全开放"其实向来贯穿于女性主义认识论的主题,因为女性主义质疑那种引导了认知研究的边界和假设,发现了以前从未被见过的、与认知相关的新议题。诚如我们在所有女性主义科学哲学文本中都能见到的,女性主义认识论和科学哲学的目标是理解知识的产品与流通的本质是被权力所贯彻的,而她们的希望是发现好的认知途径;在此目标和希望的引导下,她们从事了各种问题的研究——从我们如何能够最好地组织起我们的科学共同体或其他求知共同体,到个体如何能从挑战性的人际互动条件中很好地认知。当她们着眼于这些问题的时候,她们借鉴了一个极富多样性的资源,包括其他领域的女性主义研究和当代认识论与科学哲学的其他路径。

总而言之,女性主义认识论和科学哲学正在多元化的路径上继续发展她们对于知识的产品和流通是权力贯彻的这一本质的理解。从各种角度出发,它们提供了一个有力的证据,证明了这些领域现有的广度和深度;同时也吸引我们注意到未来将会出现的新方向和新挑战。

参考文献

Addelson, Kathryn, 1983, "The Man of Professional Wisdom", in Harding and Hintikka 1983.

Alcoff, Linda, and Elizabeth Potter, (eds.), 1993, *Feminist Epistemologies*, New York: Routledge.

Anderson, Elizabeth, 1995a, "Feminist Epistemology: An Interpretation and Defense", *Hypatia*, 10:50 – 84.

——, 1995b, "Knowledge, Human Interests, and Objectivity in Feminist Epistemology", *Philosophical Topics*, 23:27 – 58.

——, 1995c, "The Democratic University: the Role of Justice in the Production of Knowledge", *Social Philosophy and Policy*, 12:186 – 219.

——, 2004, "Uses of Value Judgments in Science: A General Argument, with Lessons from a Case Study of Feminist Research on Divorce", *Hypatia*, 19. 1:1 – 24.

——, 2012, "Feminist Epistemology and Philosophy of Science", *The Stanford Encyclopedia of Philosophy*, Edward N. Zalta, (ed.), URL = <http://plato.stanford.edu/archives/fall2012/entries/feminism-epistemology/>.

Antony, Louise, 1993, "Quine as Feminist: The Radical Import of Naturalized Epistemology", in Antony and Witt 1993.

Antony, Louise, and Charlotte Witt, (eds.), 1993[2002], *A Mind of One's Own*, Boulder: Westview Press, 1993;2nd edition, 2002.

Baber, Harriet, 1994, "The Market for Feminist Epistemology", *Monist*, 77(4):403-423.

Bar On, Bat-Ami, 1993. "Marginality and Epistemic Privilege", in Alcoff and Potter 1993.

Barad, K., 1996, "Meeting the Universe Halfway: Realism and Social Constructivism Without Contradiction", in Nelson and Nelson (1996, 161-94).

Belenky, Mary Field, et al., 1986, *Women's Ways of Knowing*, New York: Basic Books.

Bell, Diane, Patricia Caplan, and Karim Wazir-Jahan Begum, 1993, *Gendered Fields: Women, Men, and Ethnography*, London/New York: Routledge.

Benhabib, Seyla, 1995, "Feminism and Postmodernism", in Benhabib, et al., 1995.

Benhabib, Seyla, Judith Butler, Drucilla Cornell and Nancy Fraser, 1995, *Feminist Contentions*, New York: Routledge.

Bleier, Ruth, 1984, *Science and Gender: A Critique of Biology and its Theories on Women*, New York: Pergamon.

Bordo, Susan, 1987, *The Flight to Objectivity: Essays on Cartesianism and Culture*, Albany: State University of New York Press.

——, 1990, "Feminism, Postmodernism, and Gender Skepticism", in Nicholson.

Burian, R. M., 1993, "Technique, Task Definition, and the Transition from Genetics to Molecular Genetics," *Journal of the History of Biology*, 26(3), 387-407.

Butler, Judith, 1990, *Gender Trouble*, New York: Routledge. 中译本：朱迪斯·巴特勒著,宋素凤译：《性别麻烦:女性主义与身份的颠覆》,上海三联书店2009年版。

——, 1993, *Bodies that Matter*, New York: Routledge. 中译本：朱迪斯·巴特勒著,李钧鹏译：《身体之重:论"性别"的话语界限》,上海三联书店2011年版。

Campbell, Richmond, 1998, *Illusions of Paradox*, Lanham, Md. : Rowman & Littlefield.

Clayton, Susan and Faye Crosby, 1992, *Justice, Gender, and Affirmative Action*, Ann Arbor: University of Michigan Press.

Code, Lorraine, 1991, *What Can She Know?*, Ithaca, New York: Cornell University Press.

Collins, Patricia Hill, 1990, *Black Feminist Thought*, Boston: Unwin Hyman.

——, 1996, "Comment on Hekman's 'Truth and Method': Where's the Power?", *Signs*, 22:375–381.

Diamond, Cora, 1991, "Knowing Tornadoes and Other Things", *New Literary History*, 22:1001–1015.

Duran, Jane, 1991, *Toward a Feminist Epistemology*, Savage, Md. : Rowman & Littlefield.

Eichler, Margrit, 1988, *Nonsexist Research Methods: A Practical Guide*, Winchester, Mass. : Allen & Unwin.

Fausto-Sterling, 1985, *Myths of Gender*, New York: Basic Books.

Flax, Jane, 1983, "Political Philosophy and the Patriarchal Unconscious", in Harding and Hintikka 1983.

Fonow, M. and Cook, J. A. , (eds.) ,1991, *Beyond Methodology: Feminist Scholarship as Lived Research*, Bloomington: Indiana University Press.

Fraser, Nancy, 1995, "False Antitheses", in Benhabib, et al. , 1995.

Fraser, Nancy and Linda Nicholson, 1990, "Social Criticism without Philosophy", in Nicholson 1990.

Fricker, Miranda, 2007, *Epistemic Injustice*, Oxford: Oxford University Press.

Garry, Ann, and Marilyn Pearsall, (eds.), 1989, *Women, Knowledge, and Reality*, Boston: Unwin Hyman.

Gilligan, Carol, 1982, *In a Different Voice*, Cambridge, Mass. : Harvard University Press. 中译本:卡罗尔·吉利根著,肖巍译:《不同的

声音:心理学理论与妇女发展》,中央编译出版社 1999 年版。

Grasswick, Heidi E. ,(ed.),2011, *Feminist Epistemology and Philosophy of Science*, Springer Dordrecht Heidelberg London New York.

Greaves, Lorraine, Wylie, Alison and the Staff of the Battered Women's Advocacy Center, 1995, "Women and Violence: Feminist Practice and Quantitative Method", in *Changing Methods*, Sandra Burt and Lorraine Code, (eds.), Peterborough, Ontario: Broadview Press.

Gross, Paul and Levitt, Norman, 1994, *Higher Superstition: The Academic Left and its Quarrels with Science*, Baltimore: Johns Hopkins.

Haack, Susan, 1993, "Epistemological Reflections of an Old Feminist", *Reason Papers*, 18:31–42. Reprinted as "Knowledge and Propaganda" in Pinnick, Koertge and Almeder, 2003.

Haraway, Donna, 1989, *Primate Visions*, New York: Routledge.

——, 1991, "Situated Knowledges", in *Simians, Cyborgs, and Women*, New York: Routledge. 中译本:唐娜·哈拉维著,陈静等译:《类人猿、赛博格和女人——自然的重塑》,河南大学出版社 2012 年版。

Harding, Sandra, 1986, *The Science Question in Feminism*, Ithaca: Cornell University Press.

——, (ed.), 1987a, *Feminism and Methodology: Social Science Issues*, Bloomington: Indiana University Press.

——, 1987b, "Is There a Feminist Method?", in Harding 1987a.

——, 1990, "Feminism, Science, and the Anti-Enlightenment Critiques", in Nicholson 1990.

——, 1991, *Whose science? Whose knowledge?*, Ithaca, N. Y.: Cornell University Press.

——, 1993, "Rethinking Standpoint Epistemology: 'What is Strong Objectivity?'", in Alcoff and Potter 1993.

——, (ed.), 1993, *The "Racial" Economy of Science*, Bloomington: Indiana University Press.

——, 1996, "Comment on Hekman's 'Truth and Method': Whose standpoint needs the regimes of Truth and Reality?", *Signs*, 22:382 - 391.

——, 1998, *Is Science Multicultural?: Postcolonialisms, Feminisms, and Epistemologies*, Bloomington, Ind. : Indiana University Press. 中译本:桑德拉·哈丁著,夏侯炳等译:《科学的文化多元性——后殖民主义、女性主义和认识论》,江西教育出版社 2002 年版。

——, 1998, "Gender and Science", *Routledge Encyclopedia of Philosophy (Philosophy of Science)*, London & New York: Routledge.

——, 2000, "Feminist Philosophies of Science," in Joan Callahan, (ed.), *The APA Newsletter on Feminism and Philosophy*, 99(2): 190 - 192.

——, and Merrill Hintikka, (eds.), 1983, *Discovering Reality*, Dordrecht, Holland: D. Reidel; Boston: Kluwer.

——, and Jean O'Barr, (eds.), 1987, *Sex and Scientific Inquiry*, Chicago: University of Chicago Press.

Hare-Mustin, Rachel and Jeanne Maracek, 1994, "Gender and the Meaning of Difference: Postmodernism and Psychology", in *Theorizing Feminism*, Anne Herrmann and Abigail Stewart, (eds.), Boulder, Col. : Westview.

Hartmann, H. , 1981, "The Family as the Locus of Gender, Class, and Political Struggle: The Example of Housework," *Signs*, 6(3), 366 - 94.

Hartsock, Nancy, 1987, "The Feminist Standpoint: Developing the Ground for a Specifically Feminist Historical Materialism", in Harding 1987a.

——, 1996, "Comment on Hekman's 'Truth and Method': Truth or Justice", *Signs*, 22:367 - 373.

Haslanger, Sally, 2000, "Gender and Race: (What) Are They? (What) Do We Want Them To Be?", *Noûs*, 34 (1):31 - 55.

Hekman, Susan, 1996, "Truth and Method: Feminist Standpoint Theory

Revisited", *Signs*, 22:341-365.

Hicks, Daniel, 2011, "Is Longino's Conception of Objectivity Feminist?", *Hypatia*, 26.2.

Hrdy, Sarah, 1981, *The Woman that Never Evolved*, Cambridge, Mass. : Harvard University Press.

Hubbard, Ruth, 1982, "Have Only Men Evolved?", in Hubbard, et al. , 1982,17-46.

——, 1990, *The Politics of Women's Biology*, New Brunswick, N. J. : Rutgers University Press.

Hundleby, Catherine, 1997, "Where Standpoint Stands Now", *Women and Politics*, 18:25-43.

Hull, Gloria, Patricia Scott, and Barbara Smith, (eds.), 1982, *All the Women Are White, All the Blacks Are Men, But Some of Us Are Brave*, Old Westbury, N. Y. : Feminist Press.

Intemann, Kristen, 2001, "Science and Values: Are Value Judgments Always Irrelevant to the Justification of Scientific Claims?", *Philosophy of Science*, 68:S506-S518.

——, 2005, "Feminism, Underdetermination, and Values in Science", *Philosophy of Science*, 72:1001-1012.

——, 2010, "Twenty-five Years of Feminist Empiricism and Standpoint Theory: Where are we now?", *Hypatia: A Journal of Feminist Philosophy*, 25(4):778-796.

Jaggar, Alison, 1989, "Love and Knowledge: Emotion in Feminist Epistemology", in Garry and Pearsall 1989.

Janack, Marianne, 1997, " Standpoint Epistemology Without the 'Standpoint'? An Examination of Epistemic Privilege and Epistemic Authority", *Hypatia*, 12:125-139.

Jayaratne, Toby and Abigail Stewart, 1991, "Quantitative and Qualitative Methods in the Social Sciences: Current Feminist Issues and Practical Strategies", in *Beyond Methodology*, Mary Fonow and Judith Cook, (eds.), Bloomington, Ind. : University of Indiana Press.

Jones, Karen, 2002, "The Politics of Credibility", in Antony and Witt, 2002, 2nd edition.

Keller, Evelyn Fox, 1983, *A Feeling for the Organism*, San Francisco: W. H. Freeman.

——, 1985a, *Reflections on Gender and Science*, New Haven: Yale University Press.

——, 1985b, "The Force of the Pacemaker Concept in Theories of Aggregation in Cellular Slime Mold", in Keller 1985a.

——, and Longino, H. E., (eds.), 1996, *Feminism and Science*, Oxford and New York: Oxford University Press.

Kuhn, Thomas, 1977, "Objectivity, Value Judgment and Theory Choice", in *The Essential Tension*, Chicago: University of Chicago Press.

Lacey, Hugh, 1999, *Is Science Value Free?*, New York: Routledge.

Leacock, Eleanor Burke, 1981, *Myths of Male Dominance*, New York: Monthly Review Press.

Little, Margaret, 1995, "Seeing and Caring: the Role of Affect in Feminist Moral Epistemology", *Hypatia*, 10:117 - 137.

Lloyd, Elisabeth, 1995a, "Feminism as Method: What Scientists Get that Philosophers Don't", *Philosophical Topics*, 23:189 - 220.

——, 1995b, "Objectivity and the Double Standard for Feminist Epistemologies", *Synthese*, 104:351 - 381.

——, 1997a, "Feyerabend, Mill, and Pluralism", *Philosophy of Science*, 64:396 - 407.

——, 1997b, "Science and Anti-Science: Objectivity and its Real Enemies", in Nelson, Lynn and Jack Nelson, (eds.), *Feminism, Science, and the Philosophy of Science*, Dordrecht: Kluwer, 217 - 259.

——, 2006, *The Case of the Female Orgasm: Bias in the Science of Evolution*, Cambridge, Mass.: Harvard UP.

Longino, Helen, and Doell, Ruth, 1983, "Body, Bias, and Behavior", *Signs*, 9:206 - 227.

Longino, Helen, 1989, "Can there Be a Feminist Science?", in Garry and Pearsall 1989.
——, 1990, *Science as Social Knowledge*, Princeton, N. J. : Princeton University Press.
——, 1993a, "Essential Tensions—Phase Two: Feminist, Philosophical, and Social Studies of Science", in Antony and Witt 1993.
——, 1993b, "Subjects, Power, and Knowledge: Description and Prescription in Feminist Philosophy of Science", in Alcoff and Potter 1993.
——, 1994, "In Search of Feminist Epistemology", *Monist*, 77:472-485.
——, 2001, *The Fate of Knowledge*, Princeton: Princeton University Press.
Lorde, Audre, 1984, *Sister Outsider*, Trumansburg, NY: Crossing Press.
Lugones, Maria, 1987, "Playfulness, 'World'-Traveling, and Loving Perception", *Hypatia*, 2:3-19.
Lugones, Maria, and Elizabeth Spelman, 1983, "Have We Got a Theory for You! Feminist Theory, Cultural Imperialism, and the Demand for 'The Woman's Voice'?", *Women's Studies International Forum*, 6:573-581.
Lukács, Georg, 1971, "Reification and the Consciousness of the Proletariat", in *History and Class Consciousness*, Rodney Livingstone (trans.), Cambridge, Mass. : MIT Press.
MacKinnon, Catherine, 1999, *Toward a Feminist Theory of the State*, Cambridge, Mass. : Harvard University Press.
Martin, Emily, 1996, "The Egg and the Sperm: How Science has Constructed a Romance Based on Stereotypical Male-Female Roles", in *Feminism and Science*, Evelyn Fox-Keller and Helen Longino, (eds.), Oxford: Oxford University Press.
Marx, Karl, 1964, *The Eighteenth Brumaire of Louis Bonaparte*, New York: International Publishers.

Merchant, Carolyn, 1980, *The Death of Nature: Women, Ecology, and the Scientific Revolution*, New York: Harper and Row.

Moulton, Janice, 1983, "A Paradigm of Philosophy: The Adversary Method", in Harding and Hintikka 1983.

Nanda, Meera, 2003, "Modern Science as the Standpoint of the Oppressed: Dewey Meets the Buddha of India's Dalits", in Pinnick, Koertge and Almeder.

Nelson, Lynn Hankinson, 1990, *Who Knows: From Quine to a Feminist Empiricism*, Philadelphia, Pa. : Temple University Press.

——, 1993, "Epistemological Communities", in Alcoff and Potter 1993.

——, 1996, "Empiricism Without Dogmas," in Nelson and Nelson, 95 – 120.

——, 2002, "Feminist Philosophy of Science", *The Blackwell Guide to the Philosophy of Science* (edited by Peter Machamer and Michael Silberstein), Blackwell Publishers Ltd.

——, and Nelson, J. , (eds), 1996, *Feminism, Science, and the Philosophy of Science*, Dordrecht: Kluwer.

Nicholson, Linda, (ed.), 1990, *Feminism/Postmodernism*, New York and London: Routledge.

Nielsen, Joyce, (ed.), 1990, *Feminist Research Methods*, Boulder, Col. : Westview.

Okin, Susan, 1989, *Justice, Gender and the Family*, New York: Basic Books.

Pinnick, Cassandra, Noretta Koertge and Robert Almeder, (eds.), 2003, *Scrutinizing Feminist Epistemology: An Examination of Gender in Science*, New Brunswick: Rutgers.

Potter, Elizabeth, 1989, "Modeling the Gender Politics in Science," in Tuana, 132 – 46.

——, 1993, "Gender and Epistemic Negotiation", in Alcoff and Potter 1993.

Putnam, Hilary, 1981, *Reason, Truth, and History*, Cambridge:

Cambridge University Press.

Quine, W. V. O. , 1963, "Two Dogmas of Empiricism", in *From a Logical Point of View*, New York: Harper & Row.

——, 1969, "Epistemology Naturalized", in *Ontological Relativity and Other Essays*, New York: Columbia University Press.

Reinharz, Shulamit, 1992, *Feminist Methods in Social Research*, Oxford: Oxford University Press.

Rolin, Kristina, 2006, "The Bias Paradox in Feminist Standpoint Epistemology", *Episteme*, 3. 1 - 2:125 - 137.

——, 2009, "Standpoint Theory as a Methodology for the Study of Power Relations", *Hypatia*, 24. 4:218 - 226.

Rooney, Phyllis, 1991, "Gendered Reason: Sex Metaphor and Conceptions of Reason", *Hypatia*, 6:77 - 103.

Rosaldo, M. Z. and Lamphere, L. , (eds.), 1974, *Woman, Culture, and Society*. Stanford: Stanford University Press.

Rose, Hilary, 1987, "Hand, Brain, and Heart: A Feminist Epistemology for the Natural Sciences", in Harding and O'Barr 1987.

Ruetsche, Laura, 2004, "Virtue and Contingent History: Possibilities for Feminist Epistemology", *Hypatia*, 19. 1:73 - 101.

Scott, Joan, 1991, "The Evidence of Experience", *Critical Inquiry*, 17:773 - 797.

Sherif, Carol, 1987, "Bias in Psychology", in Harding 1987a.

Shiva, Vandana, 1989, *Staying Alive: Women, Ecology, and Development*, London: Zed.

Smith, Dorothy, 1974, "Women's Perspective as a Radical Critique of Sociology", *Sociological Inquiry*, 44:7 - 13.

Solomon, Miriam, 2001, *Social Empiricism*, Cambridge, Mass. : MIT Press.

——, 2009, "Standpoint and Creativity", *Hypatia*, 24. 4:226 - 237.

Spanier, Bonnie, 1995, *Im/partial Science: Gender Ideology in Molecular Biology*, Bloomington, Ind. : Indiana University Press.

Spelman, Elizabeth, 1988, *Inessential Woman*, Boston: Beacon Press.

Stanley, Liz and Sue Wise, 1983, *Breaking Out: Feminist Consciousness and Feminist Research*, London: Routledge and Kegan Paul.

Star, S. L., 1979, "Sex Differences and the Dichotomization of the Brain: Methods, Limits, and Problems in Research on Consciousness", in Hubbard and Lowe, 113-130.

Sullivan, Shannon and Nancy Tuana, (eds.), 2007, *Race and Epistemologies of Ignorance*, SUNY Press.

Taylor, Charles, 1985, "Neutrality in Political Science", in *Philosophy and the Human Sciences*, Cambridge: Cambridge University Press.

Tiles, Mary, 1987, "A Science of Mars or of Venus?", *Philosophy*, 62:293-306.

——, and Hans Oberdiek, 1995, *Living in a Technological Culture*, London and New York: Routledge.

Traweek, S., 1988, *Beamtimes and Lifetimes: The World of High Energy Physics*, Cambridge, MA: Harvard University Press.

Tuana, Nancy, (ed.), 1989, *Feminism & Science*, Bloomington: Indiana University Press.

——, 2006, "The Speculum of Ignorance: The Women's Health Movement and Epistemologies of Ignorance", *Hypatia*, 21.3:1-19.

——, and Shannon Sullivan, 2006, "Introduction: Feminist Epistemologies of Ignorance", *Hypatia*, 21.3:vii-ix.

Wajcman, J., 1991, *Feminism Confronts Technology*, University Park, PA: Pennsylvania State University Press.

Waring, Marilyn, 1990, *If Women Counted*, San Francisco: Harper Collins.

West, Candace and Don Zimmerman, 1987, "Doing Gender", *Gender and Society*, 1:125-151.

Wylie, Alison, 1996a, "Feminism and Social Science", in E. Craig, (ed.), *Encyclopedia of Philosophy*, New York and London: Routledge, 191-194.

——, 1996b, "The Constitution of Archaeological Evidence: Gender Politics and Science", in *The Disunity of Science*, P. Galison and D. Stump, (eds.), Stanford: Stanford University Press.

——, 1997a, "Good Science, Bad Science, or Science as Usual? Feminist Critiques of Science", in L. D. Hager, (ed.), *Women in Human Evolution*. New York: Routledge, 29–55.

——, 2000, "Feminism in Philosophy of Science: Making Sense of Contingency and Constraint", in J. Hornsby and M. Fricker, (eds.), *Companion to Feminism and Philosophy*, Cambridge: Cambridge University Press, 166–182.

——, 2003, "Why Standpoint Matters", in *Science and Other Cultures*, R. Figueroa and S. Harding, (eds.), New York: Routledge.

——, and Lynn Hankinson Nelson, 2007, "Coming to Terms with the Values of Science: Insights from Feminist Science Studies Scholarship", in *Value-Free Science? Ideals and Illusion*, Harold Kincaid, John Dupré, and Alison Wylie (eds.), New York: Oxford University Press.

——, 2009, "Social Constructionist Arguments in Harding's Science and Social Inequality", *Hypatia*, 23.4:201–211.

Young, I. M., 1990, *Throwing Like a Girl and Other Essays in Feminist Political Theory*, Bloomington: Indiana University Press.

郭贵春,成素梅:《当代科学哲学问题研究》,科学出版社2008年版。

章梅芳,刘兵:《性别与科学读本》,上海交通大学出版社2007年版。

吴小英:《科学、文化与性别:女性主义的诠释》,中国社会科学出版社2000年版。

董美珍:《女性主义科学观探究》,社会科学文献出版社2010年版。

陈英,陈新辉:《女性视界——女性主义哲学的兴起》,中国社会科学出版社2012年版。

海伦·朗基诺著,魏洪钟译:《〈科学革命的结构〉与科学中的女性主义革命》,《哲学分析》2011年第5期,第119—135页。

张小简:《关于女性主义科学哲学的争论》,《世界哲学》2004年第5期,第94—100页。

章梅芳:《爱、权力和知识:凯勒的客观性研究评析》,《自然辩证法研究》2008年第3期,第73—78页。

董美珍:《科学、女性与客观性——兼评女性主义对科学客观性的探索》,《自然辩证法研究》2006年第4期,第36—40页。

蔡仲:《对女性主义科学观的反思》,《南京大学学报》2002年第4期,第37—43页。

图书在版编目(CIP)数据

女性主义科学哲学/徐志宏著. —上海：复旦大学出版社,2015.10
(当代哲学问题研读指针丛书/张志林,黄翔主编. 逻辑和科技哲学系列)
ISBN 978-7-309-11898-8

Ⅰ.女… Ⅱ.徐… Ⅲ.妇女学-科学哲学-研究 Ⅳ.①C913.68②N02

中国版本图书馆 CIP 数据核字(2015)第 255123 号

女性主义科学哲学
徐志宏　著
责任编辑/范仁梅

复旦大学出版社有限公司出版发行
上海市国权路 579 号　邮编：200433
网址：fupnet@fudanpress.com　http://www.fudanpress.com
门市零售：86-21-65642857　　团体订购：86-21-65118853
外埠邮购：86-21-65109143
浙江新华数码印务有限公司

开本 850×1168　1/32　印张 5.125　字数 89 千
2015 年 10 月第 1 版第 1 次印刷

ISBN 978-7-309-11898-8/C·316
定价：28.00 元

如有印装质量问题,请向复旦大学出版社有限公司发行部调换。
版权所有　侵权必究